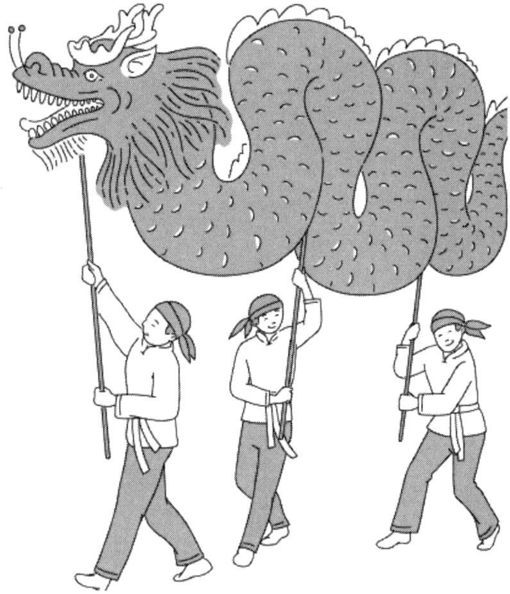

중국사람 이야기

김태관 지음

신아사

머리말

올해 여름은 유난히도 더웠다. 그 더위 속에서도 하루하루를 즐겁고 보람되게 보낼 수 있었던 것은 뭔가 명분이 주어졌기 때문이었고, 작은 명분이었지만 학교를 위한다는 생각에 열심히 살 수 있어 참으로 좋았다.

"중국사람이야기"라는 이 밑도 끝도 없는 제목 앞에서, 현재 오늘을 살아가는 14억 명의 중국사람, 아득한 태초부터 오늘날에 이르기까지 중국에는 도대체 얼마나 많은 사람들이 왔다가 사라졌을까? 그 많은 중국사람들 중에서 누구를 뽑아야 하며, 어떻게 뽑아야할까? 내가 이렇게 큰 권력을 휘둘러도 되는 것일까?

한 여름 내내 나는 사마천에 푹 빠져 살았었다. 만 권의 책을 읽고 만 리를 여행한 그의 젊은 시절, 인문학의 매력이 넘치는 이릉의 변호, 그리고 그토록 존경하던 무제의 미움을 받아 궁형을 당하고, 고립무원의 황량한 들판에 선 삶의 무게, 불굴의 의지로 탄생한 史記의 저술, 나는 이러한 사마천의 삶과 사기 속에서 뭔가 해답을 구하고자 하였다. 정답은 아닐지 몰라도 그 속에서 무슨 실마리는 잡을 수 있을 것 같아 닿을 듯 말 듯한 그 묘한 흥분과 안타까움이 연속되는 재미를 느꼈다. 사마천은 12本紀, 30世家, 70列傳을 써 내려가면서 어떤 기준을 세웠을까? 특히 70列傳의 인물을 취사선택하면서 어떤 기준을 세웠을까? 사마천은 성공과 실패를 기준으로 영웅을 논하지 않았으며, 인격의 매력을 인물을 평가하는 기준으로 삶았다.(不以成败论英雄, 而以人格的魅力作为抑扬的标准) 이 얼마나 돌올삽박한 전환이며 인문학적인 발상의 전환인가?

나는 이 책을 수업교재로 쓸 것을 목표로 삼았기 때문에 우선 15주의 수업에 맞춰 15명 안팎으로 인물을 압축해야겠다고 생각했다. 이 책에 실린 12명 외에 朱熹·孫文과 징기스칸 등을 더 쓰고 싶었으나, 시간에 쫓기고 능력이 부족하여 이들을 다 쓰지 못하는 것이 못내 아쉬웠다. 다음에 기회가 주어진다면 이들을 위하여 열전을 써서 보강하고 싶다.

반고개벽신화나 공자와 노자 그리고 굴원 등은 평소 수업시간에 강의를 하던 내용이나, 그 밖의 인물들은 나의 전공범위를 벗어나기 때문에 공정한 평가를 하기 어려워, 이미 백과사전에 올라 있는 공식적인 견해를 취합하기 위하여 많은 부분을 百度百科를 인용해서 번역하였음을 밝혀둔다. 매 단락의 끝에는 토론 부분을 마련해 보고자 시도하였다. 이는 매 학기 시도는 하였지만 한 번도 성공적으로 진행을 했다고 평가를 할 수 없었던 수업에 대한 반성의 의미가 담겨있다. 정말 진지하게 서로의 의견을 교환하고자 하였으나, 세대차이도 있고 환경의 제약도 있어 이루지 못한 토론수업에 대한 반성으로, 먼저 질문을 하여 토론을 이끌어 내고자 하는 나의 바람이 담겨 있다.

그리고 35년의 학교생활을 마무리하려는 시점에 되돌아보니 어느 것 하나 감사하지 아니한 것이 없지만, 우리 동의대학교의 당국과 구성원 모두에게 감사드리고, 특히 우리 중국어과 교수님과 재학생과 졸업생 모두에게 감사드리고 싶다. 오늘의 내가 있게 해주신 부모·형제와 우리 가족 그리고 은사님 동학님께도 감사드리고, 마지막으로 이 책이 나올 수 있도록 도와주신 도서출판 신아사 대표님과 직원분들께도 감사드린다.

2018년 12월 31일

목차

중국사람 이야기

제1화

중국인들의 우주관과 인생관
— 盤古開闢神話

* 이 책에 실린 14장의 사진은 모두 "http//www.baidu.com"에서 가져온 것임을 밝혀둡니다.

1) 盤古開闢神話

중국민간신화·전설상의 인물로, 崑崙山에서 천지개벽을 하였다. 반고에 관한 이야기는《三五历纪》·《五运历年记》·《述异记》등에 보이고 있다. 반고가 (죽어서) 만물로 변화했다는 이야기는 南朝때 梁나라 사람 任昉이 쓴《述异记》에 맨 처음으로 보이며, 그의 형상은《广博物志》와《乩仙天地判说》에 처음으로 보이고 있는데, 용의 머리와 뱀의 몸·사람의 머리에 뱀의 몸을 한 형상으로 나타나고 있다.

일부의 학자들은 반고의 성을 方씨로 여기고 있는데 이는 후대의 사람들이 天圓地方(하늘은 둥글고 땅은 네모반듯한 것을)을 크다고 했기 때문이다. 반고는 중국의 신화체계에서 가장 오래된 신이다. 그의 이야기는 아주 오래전에 만들어져서, 긴 세월 동안 사람의 입에서 입으로 전해져 내려오다, 三國時代에 이르러서, 吳 나라의 文人인 徐整에 의해서 기록되어졌다.

신화는 서사양식의 한 형태로 신에 관한 이야기이다. 신화는 인간세계에서 일어나는 자연현상이나 사회현상의 기원과 질서를 설명한다. 그리고 거기에 절대적 권위와 초월적인 경이를 지닌 신성성(神聖性)을 부여하기도 한다. 이때의 신성성은 현실적으로 존재했거나 존재하는 것을 포괄적이고 규범적인 의의를 가지도록 그 차원을 높여 형상화할 때 나타내는 현상이다.[1)]

중국의 대표적인 창세신화에는 반고개벽신화가 있다.《三五历纪》라는 책은 삼국시대(AD221-279) 吳나라 徐整이 지은 책으로 내용은 모

---

1) [네이버 지식백과]신화 [神話] (한국현대문학대사전, 2004. 2. 25.)

두 三皇이래의 일을 적고 있는데, 최초로 반고가 천지를 개벽한 신화를 싣고 있다. 이 책은 이미 산실되었고, 부분적인 내용들이 후대의 類書인《太平御览》·《艺文类聚》 등에 실려 있다.

> 天地浑沌如鸡子。盘古生在其中。万八千岁。天地开辟。阳清为天。阴浊为地。盘古在其中。一日九变。神于天。圣于地。天日高一丈。地日厚一丈。盘古日长一丈。如此万八千岁。天数极高。地数极深。盘古极长。故天去地九万里, 后乃有三皇。三国·吴国·徐整著《三五历纪》

(반고가 천지개벽을 하다.)

(태고적 시절에 하늘도 없었고 땅도 없었으며) 세상은 캄캄하여 마치 하나의 계란과 같았다. 반고는 그 속에서 살고 있었는데, 깜깜한 어둠(混沌) 속에서 1만 8천년을 지냈다. 드디어 하늘과 땅이 열렸다.(天地开辟) 그러자 그 가운데 가볍고 맑은 것은 위로 떠올라 하늘이 되고, 무겁고 탁한 것은 아래로 가라앉아 땅이 되었다. 반고는 하늘과 땅의 중간에 있었는데, 하루에도 아홉 번씩 변하여, 하늘에서는 神이 되었고, 땅에서는 성인이 되었다. (위로는 손으로 하늘을 떠받치고 발로는 땅을 떠 밀어 다시는 하늘과 땅이 도로 붙지 못하게 하였다.) 하늘은 하루에 한 장씩 높아갔고, 땅은 하루에 한 장씩 두터워졌으며, 반고도 하루에 한 장씩 키가 자랐다. 이렇게 하기를 또 일만 팔천년이 지났다. 하늘은 극도로 높아졌으며, 땅은 극도로 두터워졌으며, 반고의 키도 극도로 자랐다. 하늘과 땅 사이의 거리는 구만리나 떨어지게 되었고, 그런 후에 삼황이 나타났다. (반고는 그만 지쳐서 스러져, 다시는 일어나지 못했다.)

그 후《三五历纪》의 자매지라고 할 수 있는《五运历年纪》에 이를 이어서 다음과 같은 우주 탄생의 이야기가 이어지고 있다.

首生盘古。垂死化身。气成风云。声为雷霆。左眼为日。右眼为月。四肢五体为四极五岳。血液为江河。筋脉为地里。肌肉为田土。发为星辰。皮肤为草木。齿骨为金石。精髓为珠玉。汗流为雨泽。身之诸虫。因风所感。化为黎甿。

먼저 반고가 태어났다. 그가 지쳐서 쓰러진 후, 그의 신체에는 거대한 변화가 일어났다. 그가 내뿜던 숨(기운)은 바람과 구름이 되었고, 그가 내지르던 고함소리는 천둥소리가 되었으며, 그의 왼쪽 눈은 태양이 되었고, 그의 오른쪽 눈은 달이 되었으며, 그의 四肢와 五體는 동서남북 사극과 五岳(泰山·華山·衡山·恒山·崇山)이 되었으며, 그의 혈액은 도도하게 흐르는 강과 하천이 되었다. 혈맥은 도로를 만들었으며, 그의 근육은 논과 밭을 만들었으며, 머리카락은 별자리가 되었으며, 피부는 풀과 나무가 되었다. 이빨과 뼈는 金石이 되었고, 정액은 보석이 되었으며, 땀은 흘러 비와 못을 이루었다. 몸속의 벌레(精靈)들은 바람을 쐔 후에 모두 농부가 되었다.

1. 언제: 이 두 신화기록을 종합해 보면, (서양의 창세신화에서 보이는 하느님이 1주일에 걸쳐서 천지를 창조하신 것과는 근본적으로 다른) 반고는 알 속에서(混沌) 속에서 1만 8천년, 살아서 1만 8천년 동안에 천지가 개벽이 되었고, 또 죽어서 오랜 시간의 변화 끝에 서서히 아주 서서히 변화하여 천지만물로 변화하였다. 중국인들의 시간관을 볼 수 있다.

2. 어디서: 반고가 어디에서 나왔느냐는 대단히 중요한 의미를 갖는다. (태고적 시절에 하늘도 없었고 땅도 없었으며) 세상은 캄캄하여 마치 하나의 계란과 같았다. 우리가 어디에서 왔느냐는 모든 사람들에게 있어서 가장 근본적인 질문이다. 계란은 흰자(陽氣)와 노른자(陰氣) 및 핵(유

정란)으로 구성되어 있다. 닭이 먼저냐? 알이 먼저냐? 혼돈은 계란과 같은 역할을 하고 있다.

3. 누가: 계란에서 병아리가 태어나듯이 그렇게 반고는 세상에 태어났다. 반고는 그렇게 피조물이 아니라, 스스로 태어난 것이다. 양의 정기와 음의 정기를 받아서 그 混沌 속에서 자라나서 새로운 생명으로 태어난 것이다.

4. 무엇을: 살아서는 천지를 개벽하고 죽어서는 자신을 바쳐 천지 만물로 변화하였다. "하늘은 하루에 한 장씩 높아갔고, 땅은 하루에 한 장씩 두터워졌으며, 반고도 하루에 한 장씩 키가 자랐다. 이렇게 하기를 또 일만 팔천년이 지났다. 하늘은 극도로 높아졌으며, 땅은 극도로 두터워졌으며, 반고의 키도 극도로 자랐다. 하늘과 땅 사이의 거리는 구만리나 떨어지게 되었고, 그런 후에 삼황이 나타났다." 이렇게 오랜 세월의 변화를 통하여 하늘과 땅이 열리고 만물이 생겨나게 되었으며, 三皇이 태어나서, 인간세상이 열리게 되었다.

5. 왜: 반고는 쉬지 않고, 사심없는 봉사로 현재의 이 세계를 창조하고, 인류에게 광명을 가져다주었다. 반고는 살아서는 천지개벽의 업적을 완수하고, 죽어서는 후세 사람들에게 무궁무진한 보물들을 남겨주었다. 이는 모두 중화민족의 영광을 위한 것이었다.

6. 어떻게: 반고가 이렇게 천지를 개벽함으로써 중국은 태어나게 되었고, 중화민족들이 태어나게 되어 대대로 번성하여 이 이야기가 만들어질 때의 중국이 되었다. 그의 헌신적인 노력으로 인하여 중화민족이 숭배하는 영웅이 되었다.

이렇게 하여 중화민족은 탄생하게 되었고, 번성하여 오늘에 이르게 되었으며, 앞으로도 영원히 번성할 것이다. 이것이 신화의 참의미이다. 민족의 정체성과 일체성을 강조하고, 자긍심을 고취하는 것이 신화의 작용이라고 할 수 있다. 우리가 단군신화를 개국신화로 인정하는 것처럼, 중국사람들도 중국의 반고개벽신화를 하나의 신화로 받아들이고 있다.

2) 老子에 나타난 天地開闢

반고개벽신화는 신화로서 천지개벽의 사실을 설명하려고 하고 있다. 이러한 "우리가 어디에서 와서 어디로 가는가?"에 대한 근본적인 문제에 대한 해답을 찾으려는 시도이다. 이러한 시도는 철학적 사유로 이어져 노자로 연결되어졌다. 이 근본적인 문제가 바로 道로 나타나게 된다.

第四章

[原文]

道冲, 而用之有弗盈也。渊呵！似万物之宗。锉其兑, 解其纷, 和其光, 同其尘 湛呵！似或存。吾不知其谁之子, 象帝之先。

道는 空虛(充虛)하게 존재하지만, 그 작용은 다함이 없다. 深遠하여 마치 만물의 祖宗같다. (그 날카로움을 깍고, 그 복잡하게 뒤엉킨 것을 풀어서, 그 밝게 빛남을 조화롭게 하여, 온 세상의 흙먼지들과 함께 어우러진다.) 숨어있어 형체가 보이지 않아, 없는듯하지만 실존한다. 나는 비록(道가) 누구의 아들인지 알지 못하나, 아마도 上帝보다도 먼저 태어난 것 같다.

우리는 제4장을 道紀라고 부른다. 道는 그 근원을 찾아올라 갔을 때, 나는 누가 낳았을까? 우리 부모가 낳았다. 우리 아버지는 누가 낳았을까? 할아버지가 낳았다. 할아버지는 누가 낳았을까? 증조할아버지가 낳았다. 고조할아버지·5대조·6대조…100대조 … 1000대조 … 10,000대조… 끝없는 이 물음의 맨 마지막에 하늘의 天帝가 낳았다. 그러면 그 천제는 누가 낳았을까? 이 근본적인 물음에 노자의 마지막 대답은 道였다. 그래서 뿌리를 찾아 올라가면 맨 마지막에 나타나는 뿌리, 老根이라고 불렀다.

第二十五章

[原文]

有物混成, 先天地生。寂兮寥兮, 独立而不改, 周行而不殆, 可以为天地母。吾不知其名, 强字之曰：道, 强为之名曰：大。大曰逝, 逝曰远, 远曰反。故道大, 天大, 地大, 人亦大。域中有四大, 而人居其一焉。人法地, 地法天, 天法道, 道法自然。

물질이 있어 혼합되어 생성되어, 천지보다도 먼저 태어났다. 적막하고 고요하게 홀로 서 있으나 (그 운동은) 바뀜이 없다. (그 작용이) 미치지 않는 곳이 없으나 (조금도) 위험함이 없으니, 천지만물의 어미가 될 만하다. 나는 그 이름을 알지 못하여, 억지로(방법이 없는 방법으로) 그것의 자를 지어 道라고 불렀으며, 억지로 그것의 이름을 지어 大라고 불렀다. 大란 逝(가는 것, 떠나는 것)을 발하며, 逝는 遠(아득하게 멀어지는 것)을 말하며, 遠은 反(되돌아오는 것)을 말한다. 따라서 道는 크고, 하늘도 크며, 땅도 크고, 사람 또한 크다. 域中(우주공간)에는 4개의 大(큰 것)가 있는데, 사람도 그 가운데 하나이다. 사람은 땅을 본받고, 땅은 하늘을 본받으며, 하늘은 道를 본받고, 道는 자연을 본받는다.

제25장은 먼저 道의 体와 用에 대해서 서술을 하고 있는데, 道體는 有物混成, 先天地生(물질이 있어 혼합되어 생성되어, 천지보다도 먼저 태어났다)。 불교에서 말하는 空의 모습처럼 眞空妙有(진실로 비어있는 것 같으나, 그 속에 묘하게 존재하는 것)로 존재한다. 그리고 道의 用은 "적막하고 고요하게 홀로 서 있으나 (그 운동은) 바뀜이 없다. (그 작용이) 미치지 않는 곳이 없으나 (조금도) 위험함이 없으니, 천지만물의 어미가 될 만하다."고 하였으니, 이는 道 로 말미암아 만물이 생성화육한다는 뜻이다. 道의 운동은 "物極必反"으로 순환반복의 운동을 끊임없이 지속한다는 것이다.

마지막에는 사람의 존엄성에 대하여 서술하고 있다. "道는 크고, 하늘도 크며, 땅도 크고, 사람 또한 크다. 域中(우주공간)에는 4개의 大(큰 것)가 있는데, 사람도 그 가운데 하나이다. 사람은 땅을 본받고, 땅은 하늘을 본받으며, 하늘은 道를 본받고, 道는 자연을 본받는다." 사람은 우주를 구성하는 天·地·人 등 三才 가운데 하나이며, 천지간에 존재하는 삼라만상 가운데 가장 고귀한 존재이다. 사람은 세상에 존재하는 모든 다른 사물들을 관리·감독할 권리와 의무가 있다. 지극히 "人本主義"적인 색채를 띠고 있다.

第四十章

[原文]

反者, 道之动, 弱者, 道之用。天下万物生于有, 有生于无。

되돌아오는 것이 道의 운동이다. 道는 미묘하고 유약함으로써 작용한다. 天下萬物은 有에서 나오고, 有는 無에서 나온다.

제40장에서 老子는 대단히 간결하게 道의 운동과 도의 작용에 대해서 서술하고 있다. "物極必反"(사물은 운동이 극에 달하면 되돌아온다.)이 道의 운동이며, 다시 말하면 왕복·순환한다는 것이다. 이 왕복·순환 속에서 無에서 有가 나오며, 有에서 만물이 生育化成하며, 만물은 다시 無로 되돌아온다는 것이다. 공자도 不言之教를 설명하면서 "天何言哉, 四時行焉, 百物生焉, 天何言哉?" (하늘이 무슨 말씀을 하더냐? 계절이 운행하니, 만물이 자라지 않더냐! 하늘이 무슨 말씀을 하시더냐?) 만물을 길러내는 것 이것이 바로 道의 작용인 것이다.

第四十二章

[原文]

道生一, 一生二, 二生三, 三生万物。万物负阴而抱阳, 冲气以为和。人之所恶, 唯孤·寡·不谷, 而王公以为称。故物或损之而益, 或益之而损。人之所教, 我亦教之。强梁者不得其死, 吾将以为教父。

道는 一을 낳고, 一은 二를 낳고, 二는 三을 낳고, 三은 萬物을 낳는다. 萬物은 陰을 등에 지고, 陽을 가슴에 품고서, 氣의 운동을 통해서 조화를 이룬다. 사람들이 싫어하는 것은 孤(외로운 것, 孤兒)·寡(적은 것, 寡婦)·不穀(자식이 없는 것. 열매를 맺지 못하는 것) 등 인데, 왕공은 이로서 자신들의 호칭으로 삼는다. 따라서, 일체의 사물은 만약 비우게 되면 오히려 차게 되고, 차게 되면 오히려 비게 된다. 다른 사람들이 이렇게 나에게 가르쳤기 때문에, 나도 이와 같은 방법으로 다른 사람들을 가르친다. 강함을 추구하고 폭력적인 사람은 천수를 다 누리지 못한다. 나는 장차 이 말씀을 가르침의 근본으로 삼고자 한다.

제42장에서는 노자의 우주생성론을 서술하고 있다. 道生一, 一生二, 二生三, 三生万物。万物负阴而抱阳, 冲气以为和。道는 無極을 말하고 무극에서 太極(一)이 나오고, 一(太極)에서 二(陰氣와 陽氣)가 나오고, 二(陰氣와 陽氣)에서 三(陰氣와 陽氣 및 冲氣)이 나오며, 三(陰氣와 陽氣 및 冲氣)에서 만물이 나온다. 그리고 만물은 다시 道로 되돌아온다. 이것이 바로 道家에서 말하는 우주생성의 원리이며, 우주관이고 세계관이다. 이러한 우주관은 곧바로 周敦頤의 태극도설로 연결되어 신유학의 세계관으로 발전한다.

3) 太極圖說에 나타난 天地開闢

"주렴계(周濂溪)는 송학(宋學)의 선구자로서 도가(道家)와 불가(佛家)의 사상을 창조적으로 융화한 사상가이다. 염계의 태극사상(太極思想)은 주역(周易)의 태극설(太極說)과 도가의 무극설(無極說)을 상호 모순적·대립적 관계에서 파악하지 아니하고 조화의 관계에서 파악하였다. 그리하여 그의 태극도설은 도가의 유무(有無)의 무이성(無二性)을 근거로 형이상학(形而上學)과 형이하학(形而下學)의 묘합(妙合)관계를 음양이기(陰陽二氣)와 오행설(五行說)로써 풀이하였다."(柳正東,《宋清代思想》

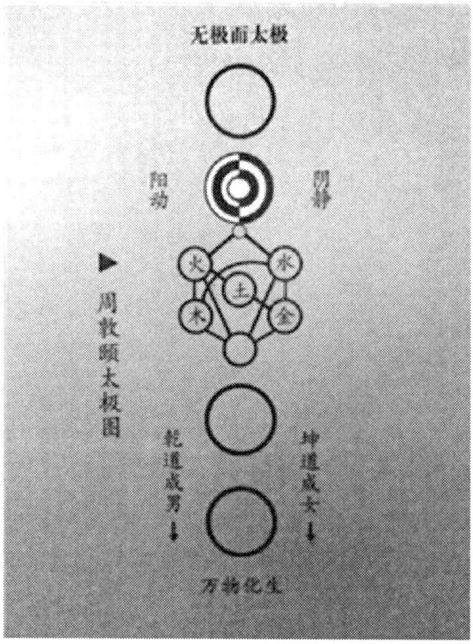

중〈宋學의 開祖-周濂溪〉,『世界의大思想(제30권)』, 전게서. 24쪽)[2)]

原文：

1) 无极而太极。

2) 太极动而生阳, 动极而静, 静而生阴, 静极复动。一动一静, 互为其根。分阴分阳, 两仪立焉。

3) 阳变阴合, 而生水火木金土。五气顺布, 四时行焉。五行一阴阳也, 阴阳一太极也, 太极本无极也。五行之生也, 各一其性。无极之真, 二五之精妙合而疑。乾道成男, 坤道成女。二气交感, 化生万

2) [출처] 주돈이(周敦頤)의『태극도설(太極圖說)』과 주희(朱熹)의『태극해의(太極解義』- 무극이태극(無極而太極) - / 무음이|작성자 무음이

物。万物生生, 而变化无穷焉。

4) 惟人也得其秀而最灵。形既生矣, 神发知矣。五性感动, 而善恶分, 万事出矣。圣人定之以中正仁义而主静, 立人极焉。故圣人与天地合其德, 日月合其明, 四时合其序, 鬼神合其吉凶。君子修之, 吉；小人悖之, 凶。故曰:"立天之道, 曰阴与阳。立地之道, 曰柔与刚。立人之道, 曰仁与义"。又曰:"原始反终, 故知死生之说"。

5) 大哉易也, 斯之至矣。

번역:

1) 無極이면서 太極이다.

2) 太極이 운동을 시작하여 陽을 낳고, 動(운동)이 極(지극함)에 달하여 靜(정지함. 고요함)으로 되돌아온다. 靜(고요함)하여 陰을 낳는다. 靜이 極에 달하면 다시 動(운동)으로 되돌아온다. 한번 動(운동)하고 한번 靜(정지)하여 (차례로 작용하여), 서로가 서로의 뿌리가 된다. 陰(氣)으로 나뉘고 陽(氣)으로 나뉘어서, 兩儀(태극도의 陰과陽)가 성립한다.

3) 陽이 변화를 이끌고 陰이 (그 변화를 좇아서) 배합하여, 水·火·木·金·土(五行, 五氣)를 낳는다. 五行(五氣)이 순리대로 퍼져나가, 四時(봄·여름·가을·겨울 등 사계절) 순행한다. 五行(五氣)은 하나의 陰陽이고, 陰陽은 하나의 太極이며, 太極이면서 곧 無極이 될 수 있다. 五行이 생성되면, 각기 하나의 성질(本性)을 가지게 된다. 無極의 眞髓는 陰陽五行의 精氣가 妙合하여 응결된 것이다. (氣가 결합하여) 乾道를 걷게 되면 남성성을 띠게 되고, (氣가 결합하여) 坤道를 걷게 되면 여성성을 띠게 된다. 이 두 기(氣)가 交感을 하여, 만물을 화육생성하게 된다. 만물이 왕성하게 생겨나면, 그 변화가 무궁무진하다.

4) 오직 인간만이 그 진수를 얻어 가장 신령하다. 형체가 이미 형성되니, 神(精神)이 發(효력을 나타내다. 활동을 시작하다.)하니 지각작용이 시작되었다. 五行의 성질(性質)이 서로 교감하여 작용을 하니 善惡이 분별되고, 萬事가 생겨났다. 聖人은 中正仁義로서 이(萬事)를 바로 잡아, 靜을 위주로 하여 人極(仁義를 가리킴)을 세웠다. 따라서, 聖人은 천지와 그 德을 합(같이)하고, 日月과 그 밝음을 같이하며, 四時와 그 질서를 같이하며, 鬼神과 그 길흉을 같이한다. 君子는 이것(人極 즉 仁義)을 잘 닦아 吉하고, 小人은 거역하므로 凶하다. 그러므로 다음과 같이 말했다.: 天道를 세워 陰과 陽이라고 불렀고, 地道를 세워 柔(부드러움)와 剛(굳셈)이라고 불렀다. 人道를 세워 仁과 義라고 불렀다. 그 시작(始)을 原(거슬러 올라가고)하고, 그 끝(終)을 되돌아보아, 死生之說을 안다.

5) 위대하도다! 주역이여! 이것이 그 지극한 원리이다.

이를 바탕으로 다섯 단계로 태극도를 설명하면 다음과 같다.

1. 최상단의 원은 太極이다. 太極이면서 無極이다. 궁극적인 실체가 태극이라고 하면, 그 태극이라는 것은 곧 無極에서 나오고, 즉 無極이 운동을 시작하면 곧 太極을 낳고, 太極이 그 운동을 그치고 靜의 상태로 되돌아가면 곧 無極의 상태로 되돌아가게 된다. 그러므로, 太極과 無極은 일체이면서 그 작용이 다를 뿐이다.

2. 두 번째 단계의 원은 太極의 운동을 나타낸 것으로, 太極이 운동을 시작하여 陽을 낳고, 動(운동)이 極(지극함)에 달하여 靜(정지함. 고요함)으로 되돌아온다. 靜(고요함)하여 陰을 낳는다. 하나의 음양이 太極

이며, 이 운동은 쉬지 않고 끊임없이 일어난다.(生生不息) 이 운동은 끊임없이 일어나 五行(水·火·木·金·土)을 낳는다.

3. 세 번째 단계에서는 두 번째 단계에서 陰陽의 운동으로 오행이 생겨난 후, 이 오행의 교감으로 인하여 또 다른 하나의 태극이 만들어지니, 새로이 구성된 이 태극은 어떤 것은 乾道를 걷고, 어떤 것은 坤道를 걸어 男女(男性과 女性)의 구별이 생겨나게 되고, 이 男女가 교감을 하여 만물이 생성화육을 하게 된다.

4. 4 번째 단계의 원은 세 번째 단계의 오행의 교감으로 생겨난 만물들의 상호관계를 설명하고 있는데, 그 가운데 오로지 인간만이 신령하여, 인간만이 하늘과 땅과 더불어 우주를 구성하는 三才 가운데 하나가 되었다. 그러므로, 聖人은 천지와 그 德을 합(같이)하고, 日月과 그 밝음을 같이하며, 四時와 그 질서를 같이하며, 鬼神과 그 길흉을 같이한다. 이렇게 하여 聖人(君子)은 모든 다른 천지만물을 관리 감독할 권한과 임무를 지닌다.

5. 다섯 번째 원은 圓融无涯하여 모든 것들이 질서를 유지하여, 첫 번째의 원의 상태로 되돌아옴을 말하고 있다. 이와 같은 운동을 통하여 우주와 인생이 영원히 이어져 내려갈 것이다. 따라서 "위대하도다! 주역이여! 이것이 그 지극한 원리이다."하고 찬탄으로서 끝을 맺고 있다.

이상의 이야기를 종합하면, 1)·2)·3) 등은 중국인들의 우주관을 그림으로 나타낸 것이라 할 수 있고, 4)와 5)는 중국인들의 인생관을 나타낸 것이라 할 수 있다.

토론

1. 개벽신화와 창세신화에 나타난 시간개념의 차이를 토론해보자!

시간적으로 보면, 반고개벽(음양의 원리에 따라 스스로 형성)신화는 반고라는 한 인간이 계란과 같은 알 속에서 태어나는데 일만 팔천년, 태어나서 하늘과 땅과 인간으로 나누어져 우주의 삼요소인 하늘과 땅과 인간으로 구성되는데 일만 팔천년, 또다시 장구한 세월에 걸쳐 서서히 만물로 변화해가는 과정을 겪었다. 이에 반해 창세신화에서는 (전지전능하신) 일주일이라는 정해진 시간 안에 하나님께서 모든 것을 말씀으로 창조하셨지만 오직 사람은 하나님께서 직접 만드신 것입니다.

2. 중국인들과 서양인들이 생각하는 공간의 개념에 대해서 토론해 보자!

원시인들이 자신들이 날마다 그 속에서 생활하고 체험하고 있는 공간(우주), 그 공간이 어떻게 형성되었는지에 대한 근본적인 의문에 대한 답을 제시하고 있다.

3. 구약의 창세신화와 개벽신화의 근본적인 차이점에 관해서 토론해 보자!

반고의 천지개벽은 또 다른 의미의 뜻이 내포되어 있는데, 盤은 盤問·盤詰의 뜻이며, 古는 이전부터 존재해오던 사물이라는 뜻으로, 일찍부터 존재해오던 "道"라는 뜻이 된다. 전체적인 뜻은, 끊임없이 일찍부터 존재해오던 "도"를 궁구해 올라가서, 천지개벽의 원리를 찾아낼 수 있었다. 이를 확대해 해석하면, 반고를 또 반고氏·混沌氏라고도 부르는데, 중국전설 가운데 천지를 개벽하고 인류세계를 창조한 시조라는 것이다.

창세신화에서는 "태초에 하나님이 천지를 창조하시니라"라고 밝히고 있다. 이 말씀은 하나님께서 천지 만물을 창조하셨다는 말입니다. 곧 하나님께서 천지 만물을 있게 한 주인공이라는 것입니다. 태초에", "천지" 곧 우주의 전 공간을 설정하시고 그 속에 질서와 시간과 역사와 온갖 존재들을 지으셨던 것입니다.

4. 人本主義에 대해서 토론해보자!

개벽신화와 창조신화 모두 인본주의를 내세우고 있지만, 개벽신화는 道를 밑바탕에 깐 자연발생적 인본주의를 근본으로 하고, 창조신화에서는 신본주의를 밑바탕에 깐 신의 섭리에 따라서 인본주의를 표방하고 있다.

반고는 쉬지 않고, 사심없는 봉사로 현재의 이 세계를 창조하고, 인류에게 광명을 가져다주었다. 살아서 천지반고는 개벽의 업적을 완수하고, 죽어서는 후세 사람들에게 무궁무진한 보물들을 남겨줌으로서 중화민족들이 숭배하는 영웅이 되었다. 그렇지만 반고는

창세기 1장26절에서 밝히고 있듯이 이러한 모든 위대한 창조의 이력은 사람을 위한 것이었습니다. 물론 하나님은 세상을 창조하실 때 인간을 중심으로 창조하셨고 인간에게 그 관리를 위임하셨습니다(1: 28). 따라서 인간은 세상의 중심적인 존재로서 세

상을 지배하고 있습니다. 그러나 그것은 어디까지나 하나님으로부터 권세를 위임받은 결과이지 인간이 세상의 주인 됨을 의미하는 것은 아닙니다. 인간은 오히려 하나님으로부터 세상 만물에 대한 관리를 위탁받은 자로서 그것을 잘 관리하고 보존해야 할 책임과 의무가 있습니다.

5. 중국의 〈반고신화(盤古神話)〉는 혼돈의 시대에 반고라는 거인이 나타나 하늘을 밀어 올려서 하늘과 땅을 분리시켜 우주공간을 만들고 힘이 다해 쓰러졌는데 반고의 육신에서 산과 강, 초목 등이 생겼다는 것으로서 거인창세신화이다. 중국의 『회남자(淮南子)』에는 혼돈 속에서 음신과 양신의 두 대신이 천지를 만들고 팔방의 위치를 정하여 인간이 살 수 있는 세계를 만들었다고 되어 있다. 이 신화는 『열자(列子)』나 일본의 『고사기(古事記)』 등에 기록된 혼돈의 시절에 맑고 가벼운 기운은 위로 올라가서 하늘이 되고 무겁고 탁한 기운은 아래로 내려와 땅이 되었다는 자성의 신화와 유사한 성격을 가지고 있다. 그러나 자성의 신화는 엄격하게 말하면 신화가 아니라 철학적 해석이 담긴 논설이라고 할 수 있다.(陰陽五行說)

6. 인간은 어디에서 왔다가 어디로 가는가? 이 근본적인 물음은 종교의 영역에 속하는 것이다. 그러나 중국인들의 대부분은 서양의 기독교를 기준으로 보면 종교를 가지지 않고 있다고 말할 수 있다. 그러나 중국인들도 자신들의 세계관(우주관)과 인생관을 가지고 있다고 할 수 있다. 중국인들의 마음속에 깊숙이 자리하고 있는 道에 관해서 토론해 보자! (노자의 도덕경)

제2화

傳說 속의 皇帝 — 三皇五帝

三皇이라는 명칭은 경전에는 보이지 않지만, 삼황이 누구인지에 대해서는 여러 가지 설이 있다. 《尚书大传》에는 燧人氏, 伏羲氏, 神農氏를 삼황이라고 하였고, 《风俗通引》·《白虎通义》·《古史考》 等의 고서적에서도 이 설을 따르고 있다. 三皇으로 거론된 有巢氏·燧人氏·伏羲氏·女娲氏·神农氏·共工氏·祝融氏 등의 명칭은 사실은 한 걸음 한걸음을 나타내는 역사발전(자연과학)의 이정표이다. 중화민족의 선사시대의 기술의 진보는 五帝시대까지 이어지다, 점점 정치문명의 진보에 가려지기 시작한 후, 정사에 기록된 기술문명의 진보는 정치의 부산물로 바뀌고 말았다.

有巢氏·燧人氏·伏羲氏·女娲氏·神农氏·共工氏·祝融氏 등 이 일곱 이름은 중국고대인들이 三皇으로 거론한 사람들 중 한 명이다. 다만 어떻게 조합하는지 그 (누구를 三皇으로) 묶을지 그 조합이 다를 뿐이다. 수많은 선대 역사학자들은 이를 분석한 후, 이들의 명칭은 원시씨족의 대표명칭이며, 각각 하나의 역사시대를 대표하고, 중화문명사 발생기의 전형적인 표식이며, 중국선사시대가 발전해온 하나의 이정표라고 여겼다. 전면적인 분석을 통하여 이러한 명칭들은 하나의 역사적 발자취일 뿐만 아니라, 각각의 전설들과 서로 잘 부합하여 역사의 발전과정을 반영하고 있어서, 이로 미루어 상당히 분명한 중화민족의 遠古史를 유추해 볼 수 있다.

1) 有巢氏

有巢氏가 "构木为巢"라는 것은 나무를 사용해서 나무 위에 오두막을 지은 것으로, 기본적으로 독사나 맹수로부터의 습격을 방지하고, 사람들은 그 속에서 편안히 잠들 수 있었으며, 더 나은 휴식을 취할 수 있었으므로, 생존능력이 크게 향상되었다. 침팬지 등 류인원은 나무 위에서 나무를 꺾어서 둥지를 터는 습성을 가지고 있는데, 이로 미루어 합리적인 상상을 해볼 수 있다. 인류가 아직도 인류가 되기 이전에, 인류의 조상들은 나무 위에다 나무를 꺾어서 둥지를 만드는 습성을 가지고 있었다. 有巢氏가 "나무를 엮어서 둥지를 만든 것"은 이러한 본능에서 유래하였으며, 有巢氏로 대표되어지던 당시는 이 기술이 크게 발전되던 시기였다. 중국의 건축은 주로 흙과 나무를 사용하는 구조를 위주로 하였다. 건축물은 많은 량의 목재를 사용하는데, 고대에는 더욱 더 나무를 떠나서는 생각할 수 없었다, 이는 고대 이집트나 희랍(그리스) 사람들이 석재를 많이 사용하였던 것과는 확연히 구별되는데, 그래서 중국사람들은 습관적으로 토목공사라 부른다. 일찍이 신석기시대부터 중국의 건축은 이미 남방과 북방의 건축 등 두 계통으로 나누어졌다. 남방의 둥지식 건축은 干欄式건축으로 발전하였다. 그 건조방식은 먼저 땅바닥에 말뚝을 박아 기초를 다진 후, 요철방식으로 이음매를 연결하고 새끼로 묶어서 평면바닥(마루바닥)을 만들고, 마지막으로 그 위에 나무로 벽과 지붕을 만들었다. 7000년 전에 만들어진 浙江河姆渡遗址에서 이미 이러한 형태의 건축물이 발견되었다.

2) 燧人氏

燧人氏"钻木取火", 마찰을 해서 불을 일으키는 방법은 맨 처음으로 인류로 하여금 자연의 힘을 지배하게 하였으며, 이로부터 인간이 동물계와 나누어지게 되었다. 인류는 태어나면서부터 어둠에 대해 두려움을 가지고 있었기 때문에 인류가 최초로 불을 사용하게 된 것은 광명을 추구하는 심리적 욕구에서 비롯되었다고 할 수 있다. 불을 사용하는 기술이 발달함에 따라서, 사람들은 더욱 더 많은 불의 용도를 개발하였으며, 더욱 더 불과 밀접하게 되었다. 중국어에서는 "火(불)"와 "삶(活)"는 서로 음이 같기 때문에 "火(불)"가 곧 "삶(活)"이고 "삶(活)"가 "火(불)"를 의미하며, "火(불)"는 "活命(목숨을 지탱함)"의 기초이며, "活命(목숨을 지탱함)"하기 위해서는 "火(불)"를 떠날 수 없다는 것이다. 비록 그렇다 하더라도, "钻木取火"(나무를 부비어 불을 취하다.)의 전에, 사람들은 자연계에서 불씨를 취하였는데, 여러 가지 제약이 따랐기 때문에, 빈번하게 불씨를 구하지 못해서 여러 가지 어려움에 취하곤 했었다. "构木为巢(나무를 연결해서 둥지를 만들다.)"를 탐색하는 과정에서, 요철을 만들어서 연결하는 기술을 개발하게 되었고, 가장 중요한 기술이 바로 서로 끼워 넣는 방법이었다. 따라서 사람들은 마찰로 열을 내는 현상을 발견하게 되었던 것이다. 사람들은 마찰의 열과 불의 열이 똑 같은 성질의 것이라는 것을 알게 되면서부터 인공으로 불을 취하는 방법을 탐색하게 되었고, 마침내는 최초로 인공의 불씨를 취득하게 되었던 것이다. 따라서 우리는 합리적으로 추론을 해보면, 燧人氏의 시대는 有巢

氏의 시대보다 늦으며, 有巢氏의 시대가 발전하여 일정한 단계로 발전한 이후에 나타난 결과물이라는 것을 알 수 있다.

3) 伏羲氏

伏羲氏는 조롱박을 갈라서 표주박을 만들어서 물을 마실 수 있게 하였고, 또 조롱박을 온몸에 묶어서 물과 강을 건너게 하였다. 有巢氏와 燧人氏 등 두 시대의 노력을 거쳐서, 선민들은 간단하나마 거처하는 주거지를 가지게 되었고, 훨씬 더 다양한 먹거리를 가지게 되었으며, 일반적인 상황 하에서는 주거지 근처에서 먹거리를 구해서 집으로 가져와서 먹거나 저장을 할 수 있게 되었다. 물을 길러먹는 문제는 생활환경이 변해감에 따라 중요한 문제로 대두되었다. 먹는 물 문제에 관심이 모아지자, 중국의 조상들은 조롱박을 발견하였으며 이때부터 伏羲氏시대를 열어나갔다. 동시에 부단한 노력을 계속하는 중에 조롱박을 사용해서 물을 건너는 기술도 개발하게 되어, 이로부터 마시고 길을 가고 하는 문제를 해결하게 되었으며, 생존능력도 획기적으로 비약하였다. 고문헌 속에는 복희씨와 관련된 기록들이 많이 수록되어 있는데, 八卦를 처음으로 만들었다는 전설, 그물을 만들었다는 전설, 書契를 처음으로 만들었다는 전설, 동물을 길러서 먹이로 제공했다는 전설, 혼인의 제도를 만들었다는 전설, 온갖 약초를 시음했다는 전설, 鉤針九針(침술)을 만들었다는 전설, 陶埧(질그릇)을 만들었다는 전설, 曆法(달력)을 만들었다는 전설, 농업을 발명했다는 전설, 36줄의 거문고를 만들었다는 전설, 하늘의 뜻을 계승하여 왕이 되어 관료제도를 만들었다는 전설 등이 그 것이다. 이러한 사적들은 모두가 다 크든 작든 모두 조롱박의 사용과 관련을 맺고 있는데, 조롱박의 사용기술이 전 방위적으로 입체적으로 발전되어나간 결과라고 할 수 있다. 여기서 주목할만한 점은 조롱박꽃을 이해하고 인식하는 과정에서 중국의 조상들은 "花"의 개념을 형성하게 되었다. 조롱박꽃은 조롱박이 열리는 것을 보고, 중국의 조상들은 이로 인하여 자신들을 "花人" 또는 "華人"이라고 부르게 되었으며 스스로 "능히 조롱박을 사용할 수 있는 사람"이라는 자부심을 가지게 되었는데, 여전히 짐승의 가죽이나 소의 뿔, 조개껍질, 거북의 껍질, 해골 등을 사용하여 물을 마시는 사람들보다 고귀하고 고명하다고 자부심을 가지게 되었으며, 이로 인하여 최종적으로 하나의 종족을 형성하게 되었는데 이것이 바로 中華民族이다. 伏羲氏는 이러한 공로로 인하여 중화민족의 인문학의 시조로 인정받고 있다.

4) 女娲氏

女娲氏는 불로 질그릇을 구워냈을 뿐만 아니라, 질그릇 굽는 기술을 크게 발전시켰다. 질그릇은 伏羲氏시대의 말기에 처음으로 만들어졌는데, 사실은 3대 기술이 어우러져 새로운 것을 창조해낸 결과이다.

첫째 불을 사용하는 기술이다. 둘째는 조롱박을 사용하는 기술이다. 셋째는 흙을 이기는 기술이다. 먼저 불을 사용하는 기술과 조롱박을 사용하는 기술을 서로 결합하여 중국의 선민들은 뜨거운 물을 마시고 고기를 익혀서 먹고 국을 끓여먹는 방법을 생각해 내었다. 그 다음으로는 선민들이 주거지를 건축하는 과정에서, 진흙이 틈을 메워 바람을 막아주는 작용을 할 뿐만 아니라, 목재를 둘러싸게 되면 화재가 발생하였을 때 불타는 손실을 막을 수 있다는 것을 알 수 있게 됨으로서, 진흙을 사용하는 기술을 발전시켰다. 마지막으로 진흙을 사용하는 기술을 조롱박을 사용하는 기술과 접목을 시켰는데, 조롱박의 아랫부분에 진흙을 바름으로서 타는 것을 방지하여 음식물을 굽거나 끓일 수 있게 하였는데, 마침내는 질그릇을 만들게 되었다. 이것이 바로 가장 원시적인 본을 떠 질그릇을 만드는 기술이다. 질그릇은 지금까지와는 완전히 다른 음식을 익혀서 먹는 방법을 만들어 내었을 뿐만 아니라, 동시에 능히 대량으로 안전하게 음식과 물을 저장할 수 있게 함으로써 없는 곳이 없던 쥐들의 괴롭힘으로부터 벗어나게 되었다. 이 보다 더 중요한 것은, 질그릇의 출현은 인류의 남녀분업으로 이어졌으며, 인류의 최초의 대분업이었으며, 문명으로 나아가는 탄탄한 기초를 닦았다. 이때부터 여자들은 집안에서 가사를 전담하여, 음식물을 가공하거나 익혔으며, 자녀들을 돌보고 교육을 시켰다. 남자들은 바깥일을 전담하였으며, 음식물을 획득하고 물을 길어오는 등 생활물자를 책임짐으로서, 가정의 구조가 더욱더 안정되어졌다. 질그릇은 비교적 무겁고 또 잘 깨졌으므로, 사람들은 더욱더 정착생활을 하도록 재촉하였으며, 이로 인하여 집을 건축하는 기술과 불을 사용하는 기술 · 생활도구를 제조하는 기술들이 더 한층 발전하는 계기가 되었다.

5) 神农氏

神农氏"制耒耜 · 种五谷(쟁기를 만들고 오곡의 씨앗을 뿌리다.)"으로 원시농업시대를 열었다. 중화선민들은 이때부터 자신들의 두 손을 통한 노동으로 먹거리를 생산하는 참신한 새 시대로 접어들었다. 원시농업의 출현은 자연환경의 제약을 받는 외에도 다음의 네 가지 요소의 제약을 받았다.: 첫째, 정착생활의 기술, 둘째, 각종식물의 먹을 수 있는 것과 먹을 수 없는 것을 구별하는 일, 셋째효과적인 저장기술(식물종자의 저장기술) 넷째, 초보적인 식물의 재배경험과 지식. 그 가운데 앞의 세 가지 조건은 有巢氏·燧人氏·伏羲氏时代를 거쳐 女娲氏时代에 이르러서는 서서히 완성되어 갔지만, 그 가운데 식물을 경작하는 기술은 伏羲氏时代의 조롱박을 기르는 기술에서부터 시작되었다. 비록 조롱박을 재배하는 기술이 아이들의 놀이에서부터 시작되었다고 하더라도, 조롱박은 伏羲氏时代에 대단히 중요한 역할을 하였으며, 중화선민들은 비교적 쉽게 그 의의를 의식하게 되었고, 이때부터 의식적으로 조롱박을 심었으며, 재배의 경험과 지식을 축적하기 시작했다. 神农氏时代의 중요한 성과는 야생식물들 가운데에서 각각의 중요한 농작물들의 종자를 선별적으로 배양해내었다는 것이다. 이러한 품종들은 생명력이 강인하고, 품종이 우량하고, 생산량도 많아서, 그곳의 자연적 조건에 적합한 것들이었다. 품종의 개량과 선별은 인류의 중요한 습관과 연관되어 있다. 일반적 동물들은 먹이를 구함에 있어 비교적 쉽게 구할 수 있는 것을 대상으로 하기 때문에, 그 대상이 주로 병약하고 야윈 개체들이거나 식물들의 일부분이 되지만, 인류는 이와는 정반대로, 언제나 더 큰 전리품을 대상으로 한다. 식물들을 재배하는 과정 중에서, 인류의 이러한 습성은 사람들에게 언제나 가장 충실한 씨앗들을 남겨 종자로 삼도록 하였고, 이러한 과정이 오랫동안 반복되면서 야생식물은 마침내 재배식물로 선별되어지게 되었다.

6) 共工氏

共工氏"壅防百川(제방을 쌓아서 여러 강을 관리했다.)"하여, 제방을 쌓아서 물을 막아 수리사업을 일으켰다. 높은 곳을 깎아 낮은 곳을 메우는 기술은 관개농업의 요구를 충족시켰을 뿐만 아니라, 농업발전의 결과물이기도 하였다. 농업이 일정한 수준으로 발전하자, 우량한 품종이 개발되어짐에 따라, 곡물의 수확량도 점점 많아졌으며, 비교적 좁은 면적에서도 상당히 많은 인구를 부양하는 것이 가능해졌다. 사람들은 비교적 큰 규모의 공사를 진행할 수도 있었으며, 재배과정에서도 관개사업의 중요성을 인식하게 되어, 수리공사를 일으키게 되었다.

각 지역마다 강수량이 서로 달랐기 때문에 사람들의 물에 대한 인식도 각기 다를 수밖에 없었다. 황하유역에서 생활했던 共工氏部落은 기후가 비교적 건조했기 때문에, 무엇보다도 곡물을 파종을 하더라도 물이 없으면 수확을 할 수 없다는 인식을 하였고, 治水, 管水, 用水의 전통을 가지고 있었다. 강과 하천의 水害는 중화민족들의 가장 큰 우환거리였으며, 특히 황하의 수해와 위협은 가장 엄중한 것이었다.

황하는 비교적 역사가 짧은 강으로 기껏해야 십 몇 만 년밖에 안된 강이다. 제4기에 青疆藏고원이 신속하게 융기하여, 중아시아내륙에 광활하고 건조한 사막지대를 형성하였다. 풍화작용이 일어나면서, 地表의 작은 입자들이 바람에 날려 쌓여서 황토고원을 형성하였다. 황토는 입자가 성글고, 쉽게 씻겨 내려가기 때문에 황하가 형성된 이후에 황토고원에서 씻겨 내려온 토사가 황하로 모여들었는데, 이것이 "九曲黃河万里沙(굽이치는 황하에 끝 모르게 펼쳐있는 모래)"를 형성하게 되었다. 진흙이 물길을 따라 강바닥에 쌓여서, 마침내는 天井川을 이루고, 결국에는 강둑이 터져 홍수가 발생하게 되었다. 지질학적으로 황하는 강둑이 터져 강줄기가 바뀌어서, 북으로는 河北平原의 天津에서부터 남쪽으로는 淮河에 이르기까지 한 마리의 거대한 용이 기어가는 것처럼 구불구불 기어가는 형상을 하고 있다. 이것이 황하의 수재가 빈번하게 일어나는 근본원인이다. 황하의 수재는 하류의 농업생산에 지대한 영향을 미쳤다. 따라서, 神农氏时代后期에 治水와 用水에 능하던 共工氏部落이 황하홍수를 다스리는 중임을 맡았던 것이다. 그 사이 성공보다는 실패가 더 많았지만, 그러나 소중한 수리에 대한 지식과 치수경험을 쌓아갔다. 大禹때에 이르러, 大禹는 민중을 이끌고서 치수의 방법을 바꾸어 물길을 막아가는 것이 아니라 물길을 열어나감과 동시에 共工氏部落의 治水经验과 教训을 이용해서, 일시에 대성공을 거두었던 것이다.

7) 祝融氏

祝融氏는 取火·管火·用火에 능한 것으로 소문이 난 부족이었다. 농업이 성숙한 단계로 발전함에 따라, 사람들의 정착생활은 좀 더 공고해졌으며, 祝融氏들도 시대의 요구에 부응하여, 불을 사용하는 기술을 크게 발전시켜, 마침내 불을 방안으로 끌어들이는데 성공하여, 집을 사람들이 주거하는 따뜻한 가정으로 만들었다. 대체적으로 보면, 共工氏时代나 祝融氏时代는 모두 神农氏时代后期에 시작되었는데, 共工氏의 공로는 주로 들판(농사일)에서 나타났으며 祝融氏의 공로는 집안(주택)에서 나타났다. 이 두 일은 서로 계승관계가 없어, 어느 것이 먼저 일어났고 어느 것이 나중에 일어났는지 말하기가 어렵다. 그러나 이 두 가지는 공통점도 있으니, 이 두 가지가 모두 堯舜시대까지 이어져, 관청의 하나로 자리매김하였다.

중화문명의 기원은 黃帝시대부터 시작하지만, 고문서의 기록이던 또는 전설이던 막론하고 黃帝에서부터 시작된 五帝시대에 관한 기록은 모두가 중화문화의 발전과정이 모두 정치문명의 진보방면에 치우쳐 있어, 共工氏나 祝融氏 등 두 시대에 나타난 기술의 진보는 모두 파묻혀버리고 말았다. 결론적으로 말하면, 三皇의 전설에 나타난 중화의 선사시대의 문명은 태초로부터 시작해서 발전해온 하나의 과정이며, 주로 기술문명의 발전을 나타내고 있는데, 三皇으로 거론된 有巢氏·燧人氏·伏羲氏·女娲氏·神农氏·共工氏·祝融氏 등의 명칭은 사실은 한 걸음 한걸음을 나타내는 발전의 이정표이다. 중화민족의 선사시대의 기술의 진보는 五帝시대까지 이어지다가, 점점 정치문명의 진보에 가려지기 시작한 후, 정사에 기록된 기술문명의 진보는 정치의 부산물로 바뀌고 말았다.

二. 五帝本紀[3)]

五帝

五帝의 명칭에도 여러 가지 설이 있지만, 일반적으로는 黃帝·颛顼·帝喾·尧·舜을 가리킨다.《世本》·《大戴礼记》·《史记·五帝本纪》 등의 고서적에서도 모두 黃帝·颛顼·帝喾·尧·舜을 열거하고 五帝라고 칭하였다. 司馬遷의《史記》는 五帝本紀루부터 중국의 역사를 기

3) 이 五帝本紀는 사마천의 사기의 五帝本紀를 발췌 번역한 것이다.

술하기 시작했다.

1) 黃帝

黃帝는 少典부족의 자손으로 성이 公孫이고 이름이 軒轅이다. 태어나자마자 대단히 총명하였으며, 얼마 지나지 않아 곧 말을 할 줄 알았으며, 어린 시절에는 총명하고 민첩하였고, 자라서는 성실하고 부지런하였으며, 어른이 되어서는 견문이 넓고 박식하여 사물을 예리하게 관찰하였다.

軒轅시대에는 神農氏의 후손들이 이미 쇠퇴하여, 각 지역의 제후들이 서로 전쟁을 일으켜 백성들을 괴롭혔으나, 神農氏(부족)들은 이미 그들을 정벌할 역량이 없었다. 마침내 軒轅이 군대를 훈련시켜 朝貢을 하지 않는 제후들을 정벌을 하니, 제후들이 모두 軒轅에게 귀순하였다. 그 당시 제후들 가운데 蚩尤가 가장 흉포하였으나, 아무도 그를 정벌할 수가 없었다. 炎帝가 제후들을 공격하여 제압하려 하자, 제후들이 모두 軒轅에게로 귀순하였다. 그래서 軒轅이 덕을 닦아, 군대를 정돈하고, 사시와 절기의 변화를 연구하고, 五穀을 재배하여, 백성들을 안정시키고, 사방의 토지를 측량하였다. 熊·羆·貔(皮)·貅(休)·虎等의 맹수를 훈련하여 炎帝와 阪泉의 교외에서 전투를 벌였는데, 여러 차례 교전을 한 끝에 마침내 炎帝를 정복하고, 뜻대로 승리를 거두었다. 蚩尤가 반란을 일으켜, 황제의 명령을 따르지 아니하자, 黃帝는 제후의 군대를 징발하여 涿鹿의 교외에서 蚩尤와 전투를 벌여 그를 생포한 후, 사살하였다. 이렇게 하여, 제후들이 軒轅을 받들어 天子로 삼고, 神農氏를 대신하니, 이 이가 바로 黃帝이다. 천하에 귀순하지 아니하는 자가 있으면, 황제는 곧 그곳으로 가서 정벌을 하고, 그 곳이 안정이 되면 떠났는데, 계속해서 개척을 해 나갔으며, 한 곳에 편안하게 안주하는 적이 없었다.

黃帝는 동쪽으로는東海에 이르러, 丸山과 泰山에 올랐다. 서쪽으로는 空桐에 이르러 鷄頭山에 올랐다. 남쪽으로는 長江에 이르러, 熊山과 湘山에 올랐다. 북쪽으로는 葷粥부족을 몰아내고 釜山에 와서 제후들과 맹약을 체결하고, 涿鹿山의 산자락에 도읍을 정하였다. 黃帝는 사방으로 이동을 하여, 정해진 거처가 없었는데, 군대를 이끌고 어디로 가면, 그 곳에 군영을 설치하고 스스로 방어를 하였다. 황제가 임명한 관직에는 모두 雲자로 이름을 지었는데, 군대를 雲師라고 불렀다. 左右大監을 설치하여 각 제후들을 감찰하게 하였다. 이때에는 만국이 모두 안정이 되었는데, 역사이래로 귀신과 산천에 제사를 지낸 횟수는 黃帝때가 가장 많았다. 황제는 하늘이 내린 寶鼎을 얻어 태양의 운행을 관측하였으며, 점을 치는데 사용하는 蓍草를 얻어 曆法을 계산하여, 節氣와 日辰을 계산하였다. 그는 风后·力牧·常先·大鸿等의 관리를 임용하여 민중을 다스렸다. 黃帝는 天地와 四時에 순응하여 음양의 변화를 예측하고, 생사의 도리를 강술하였으며, 생과 사의 원인을 논술하였다. 계절에 맞게 백곡과 초목을 파종하고, 鳥獸를 훈련하고 누에를 쳤으며, 日月星辰을 측정하여 역법을 만들었으며, 土石金玉을 채취하여 백성들에게 제공하였다. 心身이 모두 극도로 피곤하였으나, 물·불·목재 및 각종 재화들을 절도 있게 사용하였다. 그가 천자가 되자 土의 德을 가진 상서로운 徵兆(기운)가 있어, 土色은 黃色이므로 그래서 황제라고 호칭하였다.

黃帝는 25명의 아들이 있었는데, 그들 가운데 자신의 姓氏를 세운 사람이 14명이었다. 黃帝는 軒轅山에 거주하면서, 西陵國의 딸을 아내로 맞이하였는데, 이 이가 嫘祖이다. 嫘祖는 黃帝의 正妃로 두 아들을 낳았는데, 그들의 후예들이 모두 천하를 물려받았다. 한 명은 이름이 玄囂였는데, 이 이가 바로 靑陽이다. 靑陽은 제후에 봉해져, 江水에 거주하였다. 다른 한명은 이름이 昌意였는데, 제후로 봉해져 若水에 거주하였다. 昌意는 蜀山氏의 딸을 아내로 맞이하였는데, 이 이가 바로 昌僕으로 高陽을 낳았는데, 高陽은 성인의 품덕을 갖추었다. 黃帝는 죽어서 橋山에 묻혔는데, 그의 손자 昌意의 아들 高陽이 즉위하니, 이 이가 곧 顓頊이다

2) 顓頊

顓頊帝인 高陽은 黃帝의 손자이며, 昌意의 아들이다. 그는 성품이 침착하고 온화할 뿐만 아니라 지혜도 있었으며, 사물의 이치에 통달하였다. 그는 각조의 식물과 동물을 잘 길러 땅을 충분히 이용하였으며, 사시와 절기를 잘 계산하여 자연의 섭리에 순응하고, 귀신에 순응하여 예의를 제정하였다. 四時와 五行의 기에 순응하여 만민을 교화하고, 심신을 정결하게 하여 귀신에게 제사하였다. 그는 북으로는 幽陵에까지 갔으며, 남으로는 交址에까지 갔고, 서로는 流沙 에까지 갔으며, 동으로는 蟠木까지 갔다. 각종의 동물과 식물·大神과 小神·무릇 태양이 비치는 곳이면 어디든 다 평정을 하였고, 귀순하지 않는 사람이 없었다. 颛顼帝가 낳은 아들은 이름이 窮蟬이었다. 颛顼이 죽은 후, 玄囂의 손자인 高辛이 즉위하니, 이 이가 帝嚳이다.

3) 帝喾高辛

帝喾高辛은 黃帝의 曾孙이다. 高辛의 아버지는 蟜极이다. 蟜极의 아버지는 玄嚣이다. 玄嚣의 아버지가 바로 黃帝이다. 玄嚣와 蟜极은 모두 천자에 오르지 못했으며, 高辛때에 비로소 천자의 자리에 올랐다. 高辛은 颛顼의 조카이다.

高辛은 태어나자마자 매우 총명하였으며, 태어나자마자 곧바로 자신의 이름을 불렀었다. 그는 두루 사람들에게 은혜를 베풀었으며 자신을 돌보지 않았다. 그는 대단히 총명하여 아주 먼 곳의 일도 훤히 알았으며, 아주 작은 사물의 이치도 깊이 통찰하였다. 그는 천명에 순응하여, 하층 백성들이 필요로 하는 것을 알았다. 어진 덕을 갖추고 위엄이 있었으며, 온화하면서도 신용이 있어, 자신을 수양하니 천하의 사람들이 모두 그에게로 귀순하였다. 그는 토지의 생산물을 수확하여 근검절약을 하고, 또 만민을 사랑하여 교화하고 그들에게 유익한 일들을 가르쳐 주었다.: 그는 해와 달의 운행을 계산하여 절기를 확정하고, 해와 달의 출입을 공경하는 자세로 보내고 맞이하였다. 그는 귀신을 잘 알아서 아주 신중하게 모셨다. 그는 儀表는 당당하고 도덕은 고상하였다. 그의 행동은 모두 시의적절 하였으며, 그의 의복과 용모는 모두 선비들과 같이 했다. 帝嚳은 백성을 다스림에 있어 마치 논밭에 물을 대는 것처럼 조금도 치우침이 없이 공정하여, 해와 달이 비추는 곳이나, 바람과 비가 내리는 곳이면 그에게 귀순하지 아니하는 자가 없었다. 帝嚳은 陳鋒氏의 딸을 아내로 맞이하여 放勛을 낳았고, 居資氏의 딸을 아내로 맞이하여下摯을 낳았다. 帝嚳이 죽은 후, 下摯이 제위를 이어 받았으나, 특별한 업적을 쌓지 못하자, 동생인 放勛이

등극하였다. 이 이가 바로 堯임금이다.

4) 堯

堯임금이 바로 放勛이다. 그는 하늘같은 어진 덕을 가졌고, 지혜는 신과 같았다. 가까이 다가가면 마치 태양처럼 사람의 마음을 따뜻하게 해주고, 그를 우러러 보면 오색구름처럼 대지를 포근하게 감싸준다. 그는 부유하였지만 교만하지 아니하고, 귀한 신분이었지만 방종하지 않았다. 그는 노란색 관을 쓰고, 검은 색 옷을 입었으며, 주홍색의 수레를 탔는데 하얀 밀이 끌었다. 그는 善德이 있는 사람을 존경하였으며, 동족의 구대가 서로 친하고 사랑하며 지내게 만들었다. 동족들이 화목하였을 뿐만 아니라, 더 나아가 백관들을 고찰하여 모두가 뛰어난 업적들을 이루게 하였으며, 사방의 제후와 나라들이 모두 화목하게 잘 지내도록 하였다.

堯임금은 羲氏와 和氏에게 명령하여 하늘의 뜻을 살피게 하고, 해와 달의 출몰과 별자리의 위치에 근거하여 역법을 제정하게 하여 성실하게 백성들에게 생산에 종사하는 절기를 가르치게 하였다. 다시 羲仲에게 명령하여 郁夷에 거주하게 하였는데, 暘谷이라는 곳으로(해가 뜨는 곳), 경건한 마음으로 日出을 맞이하고, 상세하게 구분하여 차례로 봄에 경작하는 일을 안배하게 하였다. 춘분일에는 낮과 밤의 길이가 같은데, 朱雀七宿 중의 星宿(별자리)이 초저녁에 정남방에 출현, 여기에 근거하여 仲春의 時를 확정하게 하였다. 이때가 되면, 민중들은 흩어져서 농사일을 시작하고, 새들과 짐승들은 교미를 시작한다. 또 羲叔에게 명령하여, 남방에 머물면서, 여름철의 농사활동에 대해서 차례대로 세심하게 안배하게 하였으며, 성실하게 행하도록 당부하였다. 夏至日에는 낮이 가장 김으로, 蒼龍七宿 가운데, 心宿(大火라고 부르기도 한다.)이 초저녁에 정남방에 뜸으로 이때를 근거로 하여 仲夏의 時를 확정하게 하였다. 이때가 되면, 민중들은 모두 높은 곳에 거처하고, 새와 짐승들의 털이 적어지게 된다. 또 和仲又에게 명령하여 서방에 머무르면서, 昧谷(해가 지는 곳)이라는 곳에서, 경건한 마음으로 태양이 지는 것을 보내드리게 하고, 차례로 가을의 수확을 안배하게 하였다. 秋分日은 밤과 낮의 길이가 같고, 玄武七宿 가운데 虛宿이 초저녁에 정남방에 나타나므로, 이에 근거하여 仲秋의 時를 확정하게 하였다. 이때가 되면 민중들은 평지로 내려와 거주하게 되고, 새와 짐승들도 새로 털이 나기 시작한다. 또 和叔에게 명령하여 북방에 머무르면서, 幽都라는 곳에서 겨울철에 저장하는 방법에 대해서 차례대로 자세히 안배하도록 하였다. 冬至日에는 낮이 가장 짧으며 白虎七宿 가운데 卯宿이 초저녁에 정남방에 나타나므로, 이에 근거하여 仲冬의 時를 확정하게 하였다. 이때가 되면 민중들은 모두가 다 집안으로 들어가 난방을 하게 되고, 새와 짐승들도 모두 가는 털이 길게 가득 자라게 된다. 1년 366일이 있어나, 윤달을 배치하는 방법으로 춘하추동 사계절을 조정하게끔 하였다.

堯임금이 말했다.: “누가 능히 나의 이 사업을 계승할 수 있겠느냐?” 放齊가 말했다.: “당신의 아들 丹朱가 세상이치에 통달하지 않았습니까?” 堯임금이 말했다.: “丹朱 말이냐? 이 아이는 어리석고 완고할 뿐만 아니라, 포악하여, 쓸 수가 없다.”堯임금이 또 다시 물었다.: “그러면, 다른 사람 가운데 적당한 사람이 없겠느냐?” 驩兜가 말했다.: “共工이 광범위하게 민중들의 지지를 받고 있고 큰 업적을 쌓을 수 있으니, 쓸 만합니다. 堯임금이 다시 말했습니다.: “共工은 아름다운 말을 잘 구사하나, 마음 씀씀이가 바르지 아니하고, 밖으로는 (사람을)공경하는 것 같으나, 하늘마저도 속일 수 있는 사람이니, 쓸 수가 없다.”…… 중략 ……

모두들 함께 堯임금께 말했습니다.: “한 독신자가 민간에 떠돌고 있는데, 그 이름은 虞舜입니다.” 堯인금이 말했다.: “그래! 나도 그 이름을 들은 적이 있다. 그 사람은 어떠하냐?” 四岳이 다음과 같이 대답했습니다.: “그는 맹인의 아들인데, 그의 아버지는 우매하고, 어머니는 완고하고, 동생은 오만하나, 舜은 그들과 화목하게 잘 재내며, 孝悌之道를 다하여 가정을 잘 다스려, 그들이 사악한 길로 빠져들지 못하게 하고 있습니다.” 堯임금이 말했다.: “그래! 그러면 그를 시험 삼아 써보기로 하자!” 堯임금은 그의 두 딸을 그에게 시집을 보내어, 그녀들을 통하여 그의 德性을 관찰해 보기로 하였다. 舜은 그녀들이 귀한 신분을 내려놓고 嬀河변에 있는 집에 거주하면서 婦德을 닦도록 했다. 堯임금은 이렇게 하는 것이 참으로 마땅하다고 여겼으며, 舜을 司徒(교육을 담당하는 책임자)에 임명하여, 아버지는 정의롭고, 어머니는 자애로우며, 형은 아우를 사랑하고, 아우는 형을 공경하며, 자식은 부모에 효를 다하는 이 다섯 가지 윤리도덕을 잘 다듬어서, 백성들이 모두 순종하고 위배하는 일이 없도록 하게 하였다. 堯임금은 다시 그를 백관을 관리하는 일을 시켰는데, 백관을 관리하는 일이 조리가 있고 문란하지 않게 되었다. 또 다시 그를 명당의 사대문에서 제후와 손님들을 맞이하는 일을 시켰는데, 사대문 곳곳이 모두 화목하고, 멀리서 온 제후나 빈객들이 모두 공손하게 예의를 차렸다. 堯임금은 또다시 그를 들판에 있는 숲이 우거진 밀림 속으로 그를 파견하였는데, 천둥과 번개가 치는 비오는 날에도 그는 길을 잃거나 일을 그르치는 일이 없었다. 堯임금은 마침내 그가 대단히 총명하고 도덕적이라는 사실을 인정하고 그를 불러서 다음과 같이 말했다.: "3년 동안 너는 대단히 성실하게 일했고 약속한 일은 모두 지켰다. 이제 네가 帝位에 오르도록 하라!" 舜은 아직은 자신의 덕이 부족하다고 사양하고, 제위를 받기를 원치 않았다. 정월 초하룻날, 舜은 文祖廟에서 선양을 받았다. 文祖는 堯임금의 太祖이다.

5) 虞舜

舜이 20세때 효성으로 이름을 내었으며, 30세때 堯임금이 누가 천하를 다스릴만한가 하고 물었을 때, 四岳이 모두 虞舜을 추천하고, 이 사람이면 가능하다고 대답하였다. 이에 堯임금이 두 딸을 시집보내어 집에서 행하는 덕성을 관찰하고, 아홉 아들을 그와 함께 생활하도록 하여 그의 대인관계를 살피도록 하였다. 舜이 媯水의 강변에 거처할 때, 그는 더욱 더 신중하게 집안일을 다스렸다. 堯임금의 두 딸은 감히 자신의 존귀한 신분을 내세우지 아니하고 舜의 친척들을 오만하게 대하지 아니하였을 뿐만 아니라, 婦德을 지키려고 애썼다. 堯의 아홉 아들들도 더욱 더 중후하고 돈독해졌다. 舜이 曆山에서 농사를 지을 때, 歷山 사람들이 모두 논두렁의 경계를 양보하였으며, 雷澤에서 물고기를 잡았을 때에는 서로 물고기를 잡을 위치를 양보하였다. 황하강변에서 도자기를 구웠을 때에는 불량품이 하나도 나오지 않았다. 1년이 지나자 그가 거주하던 곳에는 하나의 촌락이 형성되었고, 2년이 지나자 하나의 읍내가 이루어졌고, 3년이 지나자 큰 대도시가 되었다. 이러한 성과들을 본 후에 堯임금은 舜에게 가는 칡으로 만든 의복 한 벌을 내리고, 거문고를 주었으며, 그를 위하여 창고를 짓고, 소와 양도 상으로 주었다. 瞽叟는 여전히 그를 죽이고자 하여, 순에게 높은 곳에 올라가 흙으로 양식창고를 고치게 하고는 아래쪽에서 불을 질러 태워 죽이려고 하였다. 舜은 두 개의 삿갓을 이용해 자신을 보호하여, 마치 두 개의 날개가 난 것처럼 사뿐히 내려와 도망쳤다. 후에 또 瞽叟는 舜에게 우물을 파도록 시키자, 舜은 우물을 파면서 몰래 옆으로 하나의 구멍을 뚫어 옆으로 통하게 만들어 놓았다. 舜이 깊이 파들어 갔을 때, 瞽叟는 象과 함께 흙을 쏟아 부어 우물을 메워버렸지만, 舜은 몰래 파놓은 구멍으로 빠져나와 도망을 쳐 죽음을 면할 수 있었다. 瞽叟와 象은 舜이 이미 죽은 줄 알고 매우 기뻐하였다. 象은 맨 처음으로 이런 생각을 한 사람은 자신이라고 말하고, 부모와 함께 순의 재산을 나누면서 "舜이 아내로 맞은 堯임금의 두 딸과 堯임금이 순에게 내린 거문고는 내가 가지도록 하겠다. 양과 소와 곡식창고는 모두 보모에게 드리겠다."고 말했다. 그리고 나서, 象은 舜의 방에서 거문고를 탔다. 舜이 돌아와 그를 보았을 때, 象은 몹시 놀라더니, 곧 답답하고 괴로운 표정을 지으면서 "지금 너 생각을 하고 있었어, 매우 가슴이 아팠어!"하고 말했다. 舜이 "그래 넌 정말 좋은 형제야!"하고 말했다. 舜은 이전과 마찬가지로 부모에게 효성을 다했으며, 형제에게 우애를 표했을 뿐만 아니라 더욱더 공손하게 대했다. 이렇게 해서 堯임금은 다섯 가지 윤리도덕과 백관을 다스리는 일 등으로 순을 시험해 보았으나, 이들을 모두 훌륭하게 처리했다.

舜은 20세 때, 孝로 이름이 알려졌고, 30세 때 堯임금이 그를 등용하였으며, 50세 때 천자의 정무를 대행했다. 58세에 堯임금이 세상을 떠나자, 61세에 堯임금을 이어서 천자의 자리에 올랐다. 등극한지 39년이 되던 해에 남방으로 순시를 나갔다가, 남방 蒼梧의 교외에서 세상을 떠났다. 長江의 남안에 있는 九嶷山에 매장을 하니, 여기가 바로 零陵이다. 舜이 帝位에 오른 후, 천자의 깃발이 날리는 수레를 타고 아버지 瞽叟에게로 가서 문안인사를 올렸는데, 환한 얼굴로 공경을 다하여, 자식의 효도를 극진히 했다. 또 아우인 象을 有鼻라는 지역의 제후에 봉했다. 舜의 아들 商均이 (帝位를 이을 만한) 재목이 못되자, 舜은 일찌감치 禹를 上帝(하늘)에게 추천했다. 17년 후, 舜임금이 세상을 떠나자, 3년상을 치르고 나서, 禹가 제위를 舜임금의 아들에게 양위를 하니, 舜이 堯임금의 아들에게 양위를 했던 것과 똑같은 상황이었다. 제후들이 모두 禹에게로 귀순을 하니, 이에 禹가 천자의 자리에 올랐다. 堯임금의 아들 丹朱와 舜임금의 아들 商均은 각각 唐과 虞라는 곳에서 식읍을 받아 조상의 제사를 모시게 되었다. 禹는 그밖에도 그들에게 자신들 가족들의 고유한 의복과 가족의 예악과 의식을 쓸 수 있도록 해주었다. 그들은 손님의 신분으로 천자를 방문하고, 천자 또한 그들을 신하의 예로 대하지 않음으로서, 제위를 함부로 남용하지 않는다는 것을 나타내려고 하였다.

黃帝에서부터 堯·舜에 이르기까지 모두가 다 同姓이었으나, 모두가 다른 國號를 쓴 것은 각자의 영광스런 업적을 빛내고자 한 데 있었다. 따라서 黃帝는 號를 有熊이라 하였고, 顓頊은 호를 高陽이라 하였으며, 帝嚳은 호를 高辛이라 했으며, 堯는 호를 唐堯라 하고, 舜은 호를 虞舜이라 하였다. 禹임금은 호를 夏后라 하고, 따로 姓을 姒氏로 하였다. 契는 商나라의 시조가 되어 姓을 子氏로 하였으며, 棄는 周나라의 시조가 되어 姓을 姬氏로 하였다.

太史公은 다음과 같이 말했다.: 학자들 가운데 많은 사람들이 五帝에 대해서 기술하고 있지만, 五帝의 년대는 이미 아주 오래 되었다.《尙書》에는 堯이래의 일만을 기록하고 있을 뿐이다. 다들 각자 황제에 대해 서술을 하고 있기는 하지만, 문자가 거칠고 반듯하지 않아, 사대부들도 분명하게 이야기할 수가 없다. 공자가 전했다는《宰予問五帝德》과《帝系姓》 등도 독서인들 가운데 어떤 이들은 이를 학습하고 전하려고 하지 않는다. 나는 일찍이 서쪽으로는 空桐, 북쪽으로는 涿鹿, 동쪽으로는 바다까지, 남쪽으로는 長江과 淮水를 건너까지 간 적이 있는데, 가는 곳마다 그곳의 노인네들이 각자가 들은 黃帝와 堯·舜의 事績들에 대해서 이야기하는 것을 들은 적이 있는데, 풍속을 교화한 내용들이 서로 달랐다. 결론적으로 이야기하면, 나는 그들이 이야기하는 것과 고문경들이 기록한 것들이 서로 부합하는 것들은 사실에 가까울 것이라고 생각하였다. 나는《春秋》와《國語》 등을 연구한 적이 있는데, 이들은《五帝德》과《帝系姓》 등에 대해서 분명하게 밝히고 있는데, 다만 사람들이 깊이 연구를 하지 않았을 뿐이며, 사실은 그들의 기술은 모두 虛妄한 것들이 아니다.《尙書》는 이미 자취를 감춘지가 오래 되었으나, 흩어진 기록들을 다른 책들 속에서 찾아 볼 수 있다. 만약 好學深思하거나, 진정으로 그들의 이야기로부터 무언가를 찾을려고 하는 사람이 아니라면, 학식이 일천하고 견문이 넓지 못한 그들이 명쾌하게 이야기하기를 기대하는 것은 틀림없이 어려운 일일 것이다. 나는 이들 자료들을 평가하고 편집을 하여, 언어가 특별히 雅正한 것을 선택하여 기록함으로써 이 본기를 쓰서 전체 책의 시작으로 삼고자 한다.

토론

1. 三皇은 역사서에는 등장하지 않고, 전설로 전해져내려 오던 이야기이다. 동시에 이 이야기는 원시씨족사회의 문명발전사이다. 이 전설들이 가지는 의의와 중국인들의 정신사에 끼친 영향들을 토론해보자.
2. 중국인들은 모두가 다 자신들이 炎黃의 후손이라고 한다. 이 전설은 오늘날 華夏民族(中華民族)설의 밑바탕이 되고 있으며, 중화사상의 근거가 되었다. 그래서 우리가 단기를 사용했던 것처럼 황제기년을 쓰자는 주장도 심심찮게 대두된다. 檀紀=西紀+2333년 인 것처럼 黃帝紀年=西紀+2698 곧 2018년은 2018+2698=4716년이 된다.
3. 결론적으로 말하면, 三皇의 전설에 나타난 중화의 선사시대의 문명은 태초로부터 시작해서 발전해온 하나의 과정이며, 주로 기술문명의 발전을 나타내고 있는데, 三皇으로 거론된 有巢氏·燧人氏·伏羲氏·女媧氏·神农氏·共工氏·祝融氏 등의 명칭은 사실은 한 걸음 한걸음을 나타내는 발전의 이정표이다. 중화민족의 선사시대의 기술의 진보는 五帝시대까지 이어지다, 점점 정치문명의 진보에 가려지기 시작한 후, 정사에 기록된 기술문명의 진보는 정치의 부산물로 바뀌고 말았다.
4. 중국인들은 이상정치를 논할 때, 흔히 요순정치를 이야기하고 요순정치의 구체적 내용으로 격양가를 인용한다. 이 노래는 중국의 이상정치인 小國寡民정치나, 無爲之治, 不言之教 등의 이상을 떠올리게 한다.

日出而作, 日入而息.
鑿井而飮, 耕田而食.
帝力於我何有哉?
해가 뜨면 일하고, 해가 지면 쉬고,
우물 파서 물 마시고, 밭을 갈아 밥 먹는데.
임금님의 힘이 나에게 무슨 소용이 있겠는가?

5. 오늘날 중국은 56개의 민족으로 이루어진 다민족국가로, 이 모든 민족들을 합하여 華夏民族이라고 부른다. 이 삼황오제의 전설이 없다면 무슨 근거로 이 민족들을 하나의 민족국가로 묶을 수 있겠는가? 전설이 갖는 영향력에 대해서 다시 한 번 생각해 보자!
6. 중국은 세계 4대문명발상지 가운데 하나이다. 三皇의 전설은 자연과학의 발전사의 제1장이며, 五帝의 전설은 인문과학의 발전사의 제1장이다. 이 三皇五帝의 전설을 제외하고 황하문명의 역사를 이야기할 수 있겠는가?

제3화

至聖先師文宣王 __ 孔子

孔子(公元前 551年9月28日－公元前 479年4月11日), 姓이 子이고, 씨가 孔이며, 이름이 丘이고, 字가 仲尼이며, 조상의 본적은 宋나라 栗읍(今河南夏邑)이며, 魯나라 陬邑(今山东曲阜)사람이다. 孔子는 中国古代의 저명한 思想家이며 教育家였다. 그는 私人이 강학을 하는 새로운 바람을 불러 일으켜 유가학파의 창시자가 되었다.

공자는 周公을 사숙하였으며, 몇몇 제자를 거느리고 14년 동안 여러 나라를 周遊天下하였으며, 만년에는《詩》《書》《禮》《樂》《易傳》《春秋》등 六經을 저술했다. 전해지는 이야기로는 그는 3천 명의 제자를 길러냈고, 그 가운데 72인은 대단히 현명한 인물이 되었다고 한다. 그가 세상을 떠난 후, 그의 제자들과 제전제자들이 공자와 그 제자들 사이에 있었던 언행과 그의 사상을 기록해, 정리하고 편집하여 《論語》라는 경전을 만들었다.

공자는 옛날에는 天縱之聖"(하늘이 낸 성인)·"天之木鐸"(하늘이 내린 목탁) 등으로 불리우며 당시사회의 가장 박식한 지식인의 한 사람으로 여겨졌으며, 후세 사람들로부터는 孔聖人·至聖·至聖先師·大成至聖文宣王先師·萬世師表 등으로 불리며 존경을 받았다. 그의 유가사상은 중국과 세계에 대단히 심대한 영향을 끼쳤으며, 공자는 "世界十代文化名人" 가운데 맨 첫 번째로 자리매김하였다. 공자의 영향력이 확대되어감에 따라, 공자의 사당에 제사를 지내는 祭孔大祭는 중국의 宗廟大祭와 동급의 큰 제사가 되었다.

孔子의 生平

B.C. 551 아버지의 숙량흘(叔梁紇)과 어머니 안징재(顔徵在) 사이에서 탄생

B.C. 549(3세) 아버지 죽음

B.C. 535(17세) 어머니 죽음

B.C. 533(19세) 결혼

B.C. 532(20세) 아들 리(鯉) 출생, 자는 백어(伯魚)

B.C. 522(30세) 자로, 증점, 염백우, 염구, 중궁 등의 제자를 가르치기 시작함

B.C. 518(34세) 노나라 맹리자가 죽으면서 맹의자 등 두 아들에게 공자를 스승으로 모시고 예를 배우라고 당부함

B.C. 517(35세) 제나라 경공이 정치에 대해 질문함

B.C. 502(50세) 공산불요가 공자를 부름

B.C. 501(51세) 처음 벼슬을 하여 노나라 중도재(中都宰)가 됨

B.C. 500(52세) 다시 사공(司空)이 되고 다시 대사구(大司寇)가 됨

B.C. 497(55세) 노나라를 떠나 위나라로 감

B.C. 496(56세) 광 땅에서 액운을 만남. 필힐이 부름

B.C. 495(57세) 위나라 영공을 만나 벼슬하고 남자(南子)를 만남

B.C. 494(58세) 벼슬을 그만두고 위나라를 떠남

B.C. 492(60세) 조나라를 거쳐 송나라로 가다가 환퇴의 액운을 당함

B.C. 489(63세) 진나라 채나라 초나라를 거쳐 위나라로 돌아감

B.C. 488(64세) 다시 위나라(출공 재위 4년)에 벼슬함

B.C. 484(68세) 노나라 계강자가 공자를 부르자 노나라로 돌아감, 고국을 떠난 지 14년만임. 이후 유약, 증삼, 자하, 자장 등의 제자를 가르침

B.C. 483(69세) 아들 리가 죽음

B.C. 481(71세) 제자 안회가 죽음, 제나라 진항이 임금을 시해하자 노나라 임금에게 토벌을 간했으나 실현되지 않음, 노나라 서쪽에서 기린이 사로잡히자 낙심하여『춘추』저작을 절필함

B.C. 480(72세) 자로가 위나라 난리에 죽음

B.C. 479(73세) 세상을 떠남(錢穆,『공자전』, 삼련서점, 2002 참조)[4)]

4) [네이버 지식백과] 생애 연보 (공자『논어』(해제), 2005. 서울대학교 철학사상연구소)

1) 孔子의 自敍傳

공자는 자신의 생을 되돌아보면서, 세상에서 가장 짧고(38字), 가장 유명한 자서전을 지었다.

子曰："吾十有五而志于学, 三十而立, 四十而不惑, 五十而知天命, 六十而耳顺, 七十而从心所欲, 不逾矩。" ——《为政》

공자께서는 말씀하셨다.: 나는 15살에 志于学하고, 30살에 而立하고, 40살에 不惑하고, 50살에 知天命하고, 60살에 耳順하고, 70살에 從心하였다.

이 名句는 스스로 자신이 다다른 경지를 설명하는 말이다.

吾十有五而志于学: 공자가 살았던 周나라 때에는 이미 小學과 大學이라는 국립교육기관이 설립되어져 있었다. 王公이나 귀족 및 평민의 자제가 8살이 되면 小學에 들어가 六藝를 배웠고, 15살이 되면 이들 가운데 뛰어난 자가 大學에 들어가 大學之道를 닦았다. 공자는 평생토록 학문을 했으나, 관학에 들어가 정식교육을 받은 기록은 없다. 스스로 세운 학문의 길에 들어섰다.

三十而立: 스스로 學問觀(人生觀)이 바로 서게 되었다. 子曰："学而时习之, 不亦说乎?有朋自远方来, 不亦乐乎?人不知, 而不愠, 不亦君子乎?" 공자의 평생의 학문의 목표는 君子가 되는 것이었다.

四十而不惑: 공자는 오로지 君子가 되기 위해서 학문을 했기 때문에, 어떤 사사로운 유혹에도 흔들리지 않게 되었다. 아무런 의혹도 생기지 않았다고 하는 것은 너무나 신격화된 지나친 해석이라고 할 수 있다.

五十而知天命: 論語의 陽貨篇에는 공자와 子貢의 대화가 나온다. 子曰 : "予欲无言。"子贡曰 : "子如不言, 则小子何述焉 ?"子曰 : "天何言哉 ? 四时行焉, 百物生焉, 天何言哉 ?" 공자께서 "나는 아무 말도 하고 싶지 않다."고 말씀하시자, 子貢이 "선생님께서 아무 말씀도 하지 않으시면, 저희들은 무엇을 배우고 기록하겠습니까?"고 묻자, 공자께서는 "하늘이 무슨 말씀을 하시더냐? 계절의 변화를 통하여 만물을 길러내셨느니라! 하늘이 무슨 말씀을 하시더냐?"하고 대답하셨다. 이것을 우리는 不言之教라 한다. 天命이란 곧 이 不言之教를 말하는 것으로, 공자께서는 50이 되어 이 불언지교를 깨달았다.

六十而耳顺: 공자는 54살부터 68살이 될 때까지 14년 동안 천하를 주유하였다. 수도 없이 많은 고초를 겪고, 여러 차례 죽을 고비도 넘겼다. 이 周遊天下를 통해서 中庸의 도리를 깨달아, 더 이상은 마음의 동요를 일으키지 않게 되었다. 누가 무슨 이야기를 하더라도 그 말의 시시비비를 따지는 것이 아니라 그 마음을 있는 그대로 읽어내니, 조금의 오해나 원망이 생겨나지 않게 되었다.

七十而从心所欲, 不逾矩: 공자의 평생의 목표는 군자가 되는 것이었다. 따라서 그는 內聖外王의 삶을 추구하였다. 안으로 인격수양을 추구하여 인격의 최고의 경지를 얻었으며, 이를 실천함에 있어서도 중용의 도리를 터득하여 밖으로 法道에 어긋남이 없었으니, 안과 밖이 통일된 최고의 경계에 도달하여 대자유인이 되었다. 이는 학습과 수양의 결과로 얻어진 통일된 최고의 경지 同天의 境地라 할 수 있다.

2) 孔子가 생각하던 理想世界

공자가 이상적인 세계로 생각하던 大同社會는《禮記》제9《禮運》편에 실려 있다. 아마도 서한시대에 유가학자들이 戰國시대와 秦漢사이의 儒家의 언론을 기록한 것이 아닐까 한다. 먼저 이글이 쓰여진 배경에 대하여 다음과 같이 간략하게 언급하고 있다.

"昔者仲尼与于蜡宾, 事毕, 出游于观之上, 喟然而叹。仲尼之叹, 盖叹鲁也。言偃在侧曰 : "君子何叹 ? "孔子曰 : "大道之行也, 与三代之英, 丘未之逮也, 而有志焉。"

옛날에 공자께서 臘祭에 참석하여 有司를 하고 나서, 제사가 끝나고 나서, 궁궐의 망루에 올라 크게 탄식을 하시었다. 공자께서 탄식을 하신 것은 아마도 魯나라의 일을 탄식하신 것일 것이다. 言偃이 옆에 있다가 물었다.: "군자께서는 무엇을 탄식하시옵니까?" 공자가 대답하였다.: "大道가 행해질 때와 夏商周 삼대의 영명한 정치를 내가 (시대를 거슬러 올라가) 직접 볼 수는 없지만, 그러나 기록이 남아 있어(유추해 볼 수 있다.)"

먼저 이 대화는 이 내용이 공자가 이야기한 내용이 틀림없음을 강조하기 위하여, 시기와 장소와 등장인물을 밝히고 있다. 그리고 나서 공자께서 하신 이야기임을 강조함으로써 가신성을 높이고 있다. 여기에서 언급한 "대도가 행해지던" 시기는 아마도 "大同社會"로 "三代之英"보다 앞선 시대로 五帝시대를 가리킨다. 그 가운데서도 특히 중국인들이 이상정치의 대명사로 부르고 있는 堯舜시대를 가리킬 가능성이 크다.

이 글은 곧바로 대동세계에 대해서 다음과 같이 설명하고 있다.

"大道之行也, 天下为公。选贤与能, 讲信修睦, 故人不独亲其亲, 不独子其子, 使老有所终, 壮有所用, 幼有所长, 矜寡孤独废疾者, 皆有所养。男有分, 女有归。货, 恶其弃于地也, 不必藏于己；力, 恶其不出于身也, 不必为己。是故, 谋闭而不兴, 盗窃乱贼而不作, 故外户而不闭, 是谓大同。"

"大道가 행해진 때에는 천하가 온 천하 사람들의 천하였다. 현명한 자를 뽑아서 능력 있는 자에게 (정치를) 맡기니, (모두가) 신용을 강구하고 화목함을 닦았다. 따라서 사람들은 자신의 부모만을 부모로 섬기지 아니하고, 자신들의 자식만을 자식으로 사랑하지 않았다. 늙은이는 편안하게 여생을 마칠 수 있게 하고, 젊은이는 모두 일자리가 있었으며, 어린이는 모두 잘 자랄 수 있는 환경이 마련되었으며, 홀아비·과부·고아·자식이 없는 늙은이·장애인 등 모두가 다 부양을 받았다. 남자는 모두 직장이 있었고, 여자는 모두 돌아갈 가정이 있었다. 재화가 땅바닥에 버려지는 것을 싫어하였으나, 자신을 위해서 숨겨둘 필요도 없었다. 능력을 발휘하지 않는 것을 싫어하였으나, 반드시 자신을 위하여 발휘할 필요는 없었다. 따라서 음모는 닫히어 일어나지 않았으며, 도둑질이나 반란도 일어나지 않았다. 따라서 바깥에 문이 있기는 하여도 닫을 필요가 없었다. 이를 大同社會이라 한다."

이 글은 다음과 같은 세 단락으로 나누어 볼 수 있다. 첫 번째는 지도자의 德이다. "天下爲公"은 인류의 소박한 이상으로 어떤 속박과 계급도 없는 자유롭고 평등한 원시공동체의 모습이다. "選賢與能"은 권력이양의 가장 이상적인 형태로 禪讓을 가리킨다. 요임금이 순임금에게 순임금이 우임금에게 권력을 이양한 것이 가장 대표적인 경우이다. "講信修穆", 신의를 쌓게 하고 화목을 닦게 하니, 이것이 바로 지도자의 최고의 덕목이다. 修身齊家治國平天下가 바로 이것이다.

두 번째는 훌륭한 지도자의 영도아래 사회의 모든 구성원들이 감화를 받아 본문과 같은 완전한 복지국가의 모델을 완성하는 것이다. 계급과 차별이 사라진 원시공동체의 이상이 실현된 것이다. 서양의 이상국가는 먼 미래에 건설될 이상이지만, 중국의 이상국가는 이미 과거에 건설된 적이 있는 그러므로 반드시 실현이 가능한 그러한 이상국가인 것이다.

세 번째는 완전한 복지국가가 실현된 결과 사회는 "음모는 닫히어 일어나지 않았으며, 도둑질이나 반란도 일어나지 않았다. 따라서 바깥에 문이 있기는 하여도 닫을 필요가 없었다."는 대동사회가 이룩되었다.

공자는 이러한 대동사회가 가장 이상적인 사회이기는 하지만, 그러나 현실사회에서 곧바로 大同社會에 진입할 수는 없으므로, 반드시 小康社會를 거쳐야만 들어갈 수 있는 것으로 설정을 하였다. 이글은 곧이어 小康社會에 대해서 다음과 같이 설명하고 있다.

"今大道既隐, 天下为家, 各亲其亲, 各子其子, 货力为己, 大人世及以为礼。城郭沟池以 为固, 礼义以为纪；以正君臣, 以笃父子, 以睦兄弟, 以和夫妇, 以设制度, 以 立田里, 以贤勇知, 以功为己。故谋用是作, 而兵由此起。禹汤文武成王周公, 由此其选也。此六君子者, 未有不谨于礼者也。以著其义, 以考其信, 著有过, 刑仁讲让, 示民有常。如有不由此者, 在執者去, 众以为殃, 是谓小康。"

"오늘날 大道가 이미 사라지자, 천하는 개인가족의 사사로운 사유물로 변하고 말았다. 각자가 자신들의 부모만을 부모로 사랑하고, 자신들의 자식만을 자식으로 사랑하게 되었으며, 재화와 능력은 모두 자신만을 위해서 사용하였으며, 大人(권력자)들은 세습으로 禮를 삼았다. 성곽을 쌓고 해자를 파서 방어를 더욱 굳건히 하고, 禮義를 기강으로 삼았다.: 君臣의 관계를 바르게 하고, 부자의 관계를 돈독히 하며, 형제간 우의를 돈독하게 하고, 夫婦간의 관계를 화목하게 하는 것으로 제도를 확립하고, 마을을 세웠다. 용감하고 지혜 있는 사람을 현자로 대접하고, 공은 모두 자신의 것으로 하였다. 따라서 음모가 생겨나고, 전란이 일어나게 되었다. 禹·湯·文·武·成王·周公 등은 모두가 다 이러한 환경 속에서 선발되어진 사람들이다. 이 여섯 군자들은 모두가 다 예를 닦는 일에 힘을 쏟지 않는 사람이 없었다. 禮로서 仁義를 드러내고, 禮로서 서로서로 신의를 지키도록 가르쳤으며, 만약 잘못이 있으면, 仁愛를 모범으로 하여 서로서로 양보하도록 하여, 백성들에게 사람으로서 지켜야 할 도리(五常)가 있음을 보여주었다. 만약 이를 따르지 않는 사람이 있다면, 군주라 하더라도 쫓겨나야 하였으니, 백성들은 이를 재앙이라 생각하였다. 이를 小康社會라 부른다.

첫째, 大同社會가 이미 사라지자, 천하는 군주가족의 사유물로 바뀌었고, 사유재산제가 시행되고, 대인들은 모두 (권력과 부를) 세습함을 예로 삼았다.

두 번째, 그 결과 예를 근본으로 하는 소강사회가 출현하였다. 이러한 세계는 확실히 大同世界만큼 그렇게 완정하고 아름답지는 않지만, 삼강오륜을 바탕으로 정상적으로 질서가 유지되는, 이는 공자가 생각하는 비교적 낮은 단계의 정치목표이다. 이러한 사회는 禹·湯·文·武·成王·周公 등의 군주에 의해서 이미 실현된 적이 있으며, 이러한 단계를 거친 후에야 비로소 大同社會로 들어갈 수 있다는 것이다.

세 번째 단계는 예가 실현된 결과, "禮로서 仁義를 드러내고, 禮로서 서로서로 신의를 지키도록 가르쳤으며, 만약 잘못이 있으면, 仁愛를 모범으로 하여 서로서로 양보하도록 하여, 백성들에게 사람으로서 지켜야 할 도리(五常)가 있음을 보여주었다. 만약 이를 따르지 않는 사람이 있다면, 군주라 하더라도 쫓겨나야 하였으니, 백성들은 이를 재앙이라 생각하였다."는 소강사회가 이루어졌다.

孔子의 大同社會와 小康社會에 대한 이상은 중국의 후세에 심대한 영향을 미쳤다. 그 후, 서로 다른 역사시기에, 서로 다른 사상가들이 나와서 서로 다른 내용의 자신이 동경하는 이상적인 설계도와 분투목표를 제시하였다. 이러한 사상은 진보사상가와 개혁가들에게 영향을 미쳐, 洪秀全·康有爲·譚嗣同 및 孫中山 등도 모두 이 사상의 영향을 받았다.

결론적으로 이야기하면, 중국에는 道가 끊임없이 면면히 이어져 내려오는데, 이 도는 堯…舜…禹…湯…文…武…成王…周公…孔子…孟子… 등에게 전해졌다. 堯·舜은 대동사회의 군주로서 이상적인 정치를 행했으며, 禹·湯·文·武·成王·周公 등은 소강사회의 군주로서 모범적인 정치를 행하여 이 道를 실천하였다. 孔子와 孟子에 이르러서는 이들은 실제로 군주가 아니어서 이 道를 행할 수 없었으므로 이 道를 저술하여 경전으로 남겼다. 이것을 道統이라고 한다.

3) 教育思想

西周시대에는 이미 官學이 설치되어 있었고, 귀족자제들 위주로 소학과 대학의 교육이 실시되어지고 있었다. 사마천은 사기 공자세가에서 3천명의 제자가 있었으며, 그 가운데 六藝에 정통한 사람이 72인이나 된다고 하였다. 이것은 春秋말기라는 특수한 시대상황 속에서 인재양성을 통해서 사회를 개혁하려는 그의 위대한 꿈의 결과라고 생각한다. 공자는 최초로 私學을 열어서 인재를 양성하였을 뿐만 아니라, 그는 독특한 교육관과 교육방법을 통해서 교육의 형식과 내용을 제고함으로써 역사상 가장 위대한 교육가로 자리매김하였다.

周나라 초기에는 엄격한 신분제사회를 통해서 질서를 유지하는 봉건국가였다. 춘추라는 혼란시대를 통해서 각 제후국의 실력자들은 수많은 인재를 필요로 하였다. 공자는 이러한 시대적 요구를 적극적으로 수용하여, 사학을 열고, 인재를 양성하여 각 제후국들의 관리나, 실력자들에게 가신으로 들여보냄으로써, 이들을 통해서 자신의 이상인 도덕정치 덕치주의를 실현하고자 했던 것이다.

4) 공자의 교육관

"人之初, 性本善, 性相近 習相遠"《三字經》의 첫 구절에서 사람

은 나면서부터 착한 본성을 가지고 태어났으며, 하늘이 사람에게 부여한 天性은 서로 비슷하지만, 개성이 차이가 나는 것은 주로 후천적인 교육과 환경의 차이에서 온다고 주장했다. 따라서 사람들은 모두 교육을 받을 수 있어야 하고, 사람들마다 모두 교육을 받아야만 한다. 공자는 "교육에는 신분의 차이가 있을 수 없다."(有教無類)고 주장하고, 私學을 창립하여, 널리 학생을 모집함으로써, 귀족들이 학교교육을 농단하는 것을 타파하여, 교육의 범위를 평민에게까지 확대함으로써, 당시 사회적 추세에 순응하였다. 그는 "學而優則仕"라고 말하여, 학습을 하고 그 가운데 우수한 사람이 관리가 되어야 한다고 주장했다. 그의 교육목표는 정치에 참여하는 군자를 양성하는 것이었는데, 군자는 반드시 높은 도덕적 수양이 있어야 했으므로, 따라서 공자는 학교교육은 반드시 도덕교육이 가장 중요한 자리를 차지해야한다고 강조했다.(弟子入則孝, 出則悌, 謹而信 汎愛衆, 而親仁. 行有餘力, 則以學文.)

누구나 다 군자가 될 수 있는 본성을 타고 났으며, 누구나 교육을 받을 권리가 있다고 주장했다. 따라서 지금까지의 신분적 계급적 사회로부터 배워서 군자의 인품을 닦은 사람이 관리가 되는 지배자와 피지배자로 구분되는 새로운 사회로의 재편을 추구했다.

5) 공자의 교육방법론

공자는 교육방법론에 있어서는, "有教無類(교육에는 신분상의 차이가 있을 수 없다.)"·"經邦濟世(나라를 경영하여, 세상을 구한다.)"의 교육관을 가지고 "因材施教(사람의 소질에 맞게 가르친다.)"·"啓發式(문답식)" 등 방법론으로 아동교육과 계몽교육에 주중하였다.

공자는 가장 먼저 啓發式教育을 주창했다. 그는 "不憤不啓, 不悱不發."(분노하지 않으면, 깨우쳐주지 아니하고, 애를 태우지 아니하면 가르쳐주지 아니한다.)라고 하였는데, 선생은 학생이 진지하게 사고를 하고, 스스로 일정한 수준에 도달했을 때, 가장 적절한 시기와 장소를 택해서, 사고를 계발해 주고 표현법을 가르쳐주는 것을 말한다. 그는 또 교육을 함에 있어 학생의 소질에 맞추어 가르치는 방법을 채택한 최초의 교육자였다. 대화와 개별관찰을 통해서, 학생의 개별적 특성을 파악하고, 이 바탕 위에서, 학생이 처한 구체적 상황 속에서 각기 다른 교육방법으로, 德行·言語·政事·文學 등 각 방면의 전문 인재를 배양해 내었던 것이다. 그는 교육을 열렬히 사랑해서 일생동안 교육활동에 종사했다. 그는 배우는 일에 싫증을 내지 아니하고, 가르치는 일에 피곤함을 몰랐다. 그는 학생들을 끔찍이 사랑했고, 학생들은 그를 특별히 존경해서, 스승과 제자 관계가 아주 돈독했다. 그는 중국고대의 가장 빛나는 스승상이다.(萬世師表) 공자의 교육활동은 그가 배출한 학생 수가 많을 뿐만 아니라, 실천을 통하여 터득한 교육학설은 중국고대의 교육에 이론적 토대를 마련하였다.

6) 공자의 교육내용

공자의 도덕교육의 주요내용은 "禮"와 "仁"이다. 그 가운데 "禮"는 도덕규범을 말하고, "仁"은 최고의 도덕적 준칙을 말한다. "禮"는 "仁"의 형식이고, "仁"은 "禮"의 내용으로, "仁"의 정신이 있을 때에만, "禮"가 비로소 진정으로 충실해 질 수 있다. 도덕수양방면에 있어, 그는 樹立志向(뜻을 세우고)·克己·實踐躬行·內省·勇于改過 등의 방법을 강조했다. “學而知之(배워서 안다.)”는 그의 교학의 주도사상이다. 질문하는 것을 부끄러워하지 않고 겸허한 마음으로 배워야 한다고 주장하면서, 학습과 사고를 결합할 것을 강조했다.(學而不思則罔, 思而不學則殆) 이와 함께 “學而致用”을 강조하여, 배운 지식을 사회적 실천에 운용할 것을 주장했다.

7) 道德思想

공자는 완정한 “德道”라는 사상체계를 구성했다. 개인적인 측면에서 “仁·禮”에 바탕한 德性과 德行을 주장했다. 德道의 사상체계는 性善說(“一阴一阳之谓道, 继之者善也, 成之者性也”)을 기초로 하였고, 人極(仁義)을 세움을 목표로 하여, 人道와 天道·地道가 서로 회통하여, 人道는 中庸을 지키나 적시에 변하는 것을 방법론으로 하여 이룩한 완정한 사상체계이다.

공자의 仁說은 人道精神을 구현했으며, 공자의 禮說은 禮制精神을 다시 말하면 현대적 의의상의 질서와 제도를 구현했다. 人道主義는 인류의 영원한 주제이며, 어떤 사회에서나, 어떤 시대나, 어떤 정부에서나 모두 적용되며 질서와 제도화된 사회 인류가 문명사회를 건립하기 위한 기본적인 요구이다. 공자의 이러한 인도주의와 질서정신은 중국 고대의 사회정치사상의 精華(가장 빛나는 정신)이다.

8) 政治思想

子曰 : “为政以德, 譬如北辰, 居其所而众星共之。”(論語, 爲政篇)

정치를 덕으로서 하면 북극성이 제자리에 있으면, 모든 별들이 에워싸는(받들다.) 것과 같다.

子曰 : "道之以政, 齐之以刑, 民免而无耻 ; 道之以德, 齐之以礼, 有耻且格。" (論語.爲政篇)

정치로서 인도하고 형벌로서 질서를 유지하면 백성들이 형벌을 면할 수는 있지만 염치를 모르게 되고, 덕으로서 인도하고 예로서 질서를 유지하면 염치를 알고 품격이 있게 된다.

이것이 공자의 덕치주의와 도덕정치의 요체이다. 공자의 정치사상의 핵심내용은 "禮"와 "仁"이다. 나라를 다스리는 정책상 그는 "爲政以德(덕으로서 다스린다)"을 주장했는데, "道德"과 "禮敎"로서 나라를 다스리는 것은 가장 고상한 나라를 다스리는 道(방법)이다. 이러한 정치적 정책을 "德治" 또는 "禮治"라고 부른다. 이러한 정책은 "德"과 "禮"가 백성들에게 시행되어지면, 등급제를 엄격하게 적용하고, 귀족과 평민을 통치자와 피통치자로 확연하게 구별한다. 귀족과 서민들 사이에 있었던 원래의 중요한 한계를 타파하게 된다.

공자는 西周의 宗法禮制의 전통이 비교적 깊었던 魯 나라에서 생활하였다. 이때가 되면 周나라왕실의 통치권은 이미 유명무실해졌으며, 諸侯들 간에 전쟁이 멈추지 않아, "王道는 이미 쇠퇴했고, 예의는 이미 폐지됐으며, 정권은 이미 실권을 상실해, 집집마다 풍속이 다른" 사회현실이 출현해서, "임금은 임금답지 못하고, 신하는 신하답지 못하며, 아버지는 아버지 답지 못하고, 아들은 아들답지 못한" 현실이 당시의 시대적 특징이 되었다. 사회적 모순이 격화되어 생산력의 발전을 방해하였다. 인간의 정신과 신념도 전례없는 손상을 입었다. 이러한 주위 환경이 공자의 정치사상이 형성됨에 있어 역사적인 원천과 사회상으로 복합적으로 작용을 하여, "仁"과 "禮"가 그의 정치사상의 기본정신이 되었다.

9) 经济思想

공자의 가장 중요한 경제사상은 重義輕利(義理를 중시하고 이익을 경시한다)·"이익이 되는 것을 보면 먼저 그것이 정의로운 것인지를 생각한다.)"하는 義利觀과 富民사상이다. 이것은 유가의 경제사상의 주요 내용이기도 하며, 후세에 미친 영향도 비교적 크다.

孔子가 이야기한 "義"라는 것은 일종의 사회도덕규범이고, "利"라는 것은 사람들의 물질적 이익을 말한다. "義"와 "利" 양자의 관계에서, 공자는 "義"를 가장 중요한 위치에 두었다. 그는 "見利思義(이익이 되는 것을 보면, 먼저 그것이 정의로운 것인지를 생각한다.)"고 말했는데, 사람들에게 물질적 이익 앞에서, 무엇보다도 먼저 그것이 정의에 부합하는지를 먼저 생각하고, 그런 후에 그것을 얻어야 한다고 요구했다. 공자는 심지어는 《論語.子罕》편에서 "罕言利(利에 대해서는 이야기하는 것을 좋아하지 아니했다.)" 고 주장하였으나, "利"에 대해서는 많은 이야기를 하지 않았다는 뜻이지, "利"를 원하지 않았다는 뜻은 아니다. 《左傳.成公2年》편에는 道義에 부합하지 않는 일을 하여 얻은 부귀는 뜬구름과 같은 것이며, 不義한 수단으로 얻은 富貴는 조금의 가치도 없다고 하였다. 공자는 "義"와 "利"를 대하는 태도를 보면 "君子"와 소인을 구별할 수 있다고 생각했다. 도덕이 있는 군자는 쉽게 "義"의 중요성을 이해할 수 있지만, 도덕수양이 부족한 "小人"은 "利"만 알뿐

“義”를 알지 못한다. 이것이 바로 공자가《論語.里仁》편에서 이야기한 “군자는 義에 밝고, 소인은 利에 밝다.”고 한 의미이다. 어떤 사람들은 공자가 이미 “義”를 중요시한다고 했으므로 틀림없이 육체노동을 경시했을 것이라고 생각한다. 그러나 이러한 관점들은 잘못된 것이다.《論語》에는 그가 농사일을 배우겠다고 생각하던 제자 樊遲에게 큰 불만을 느끼고 그가 소인이라고 꾸짖는 기록이 나오는데, 이것은 공자가 사람은 좀 더 큰 이상과 목표를 가져야하고 좀 더 큰 책임을 져야한다고 생각했기 때문이다. 그는 그의 학생들이 농민이 아닌, 좀 더 큰 가치를 책임지는 사람이 되기를 바랐기 때문이었다.

10) 공자의 학문관

子曰 : “学而时习之, 不亦说乎?有朋自远方来, 不亦乐乎?人不知, 而不愠, 不亦君子乎?”

배우고 그것을 때에 맞게 익히면 기쁘지 아니한가? 벗이 있어 멀리서 찾아오니 즐겁지 아니한가? 남이 알아주지 않더라도 성내지 아니하면 군자가 아니겠는가?

大学之道, 在明明德, 在亲民, 在止于至善。

대학을 하는 사람의 길은 밝은 덕을 밝히는데 있고, 사람들을 새롭게 하는 데 있으며, 최고의 선에 머무는 것에 있다.

子曰 : “温故而知新, 可以为师矣。”

옛것을 익혀서 다가올 일을 아면 가히 스승이라 할 만하다.

子曰 : “述而不作, 信而好古, 窃比于我老彭。(《论语·第七章·述而篇》

나는 저술을 하되 근거 없는 이야기는 (한마디도) 하지 않았다. 나는 옛 성인의 가르침을 좋아해서 몰래 나 자신을 老彭에 비교해 보기도 하였다.

공자의 일생은 학문의 일생이었다. 공자는 스스로 "열 집 밖에 안 되는 작은 마을에도 반드시 나만큼 忠信하는 자가 있겠지만, 나만큼 학문을 좋아하는 사람은 없을 것이다."고 하였으며, 또 "말없이 배운 것을 외우니, 배움에 싫증을 내지 않고, 가르치는 일에 피곤함을 느끼지 않는 것이, 나에게 어찌 어려운 일이겠는가?" 하고 말했다. 공자는 "温故而知新"과 "述而不作"의 정신으로 《詩經》《書經》《易經》《禮記》《春秋》 등 오경을 저작하였다. 이 오경을 완성함으로써 공자는 길이길이 유가의 창시자로 자리매김하게 되었다.

이렇게 해서 공자는 儒家思想의 창시자가 되었다. 그의 사상은 2500년 동안 중국사회를 지탱하는 학문적 밑바탕이 되었으며, 道家思想과 함께 중국을 대표하는 사상이 되었다.

토론

1. 공자는 어떤 계급을 대표하는 인물인가? 춘추전국이라는 특수 상황 속에서 대량으로 인재를 필요로 하는 시대적 요구에 부응하여, 공교육이 아닌 사교육을 통하여 새로운 인재를 양성함으로써 자신의 이상인 도덕정치와 덕치주의를 실현하고자 하는 수단으로 삼았다.
2. 공자는 10명의 철학자와 72명의 현인 및 3,000명의 제자를 육성했다. 그 역사적 의의를 논하시오. 공자의 교육관에 대해서 논

하시오. 啓發式教育

3. 세상에서 가장 짧은 자서전인 五十有五而志于學하고 …… 공자의 일생을 3단계로 나누어 보면, 1단계는 공자는 50세까지는 학업과 교육을 병행하면서 계속적으로 때를 기다리는 생활을 했다. 2단계는 51세가 되어 魯나라의 관리가 되면서 정치에 직접 참여하게 되었고, 뜻을 이룰 수 없게 되자, 55세부터 68세까지 周遊天下를 하게 되었고, 제3단계는 68세에 고향으로 돌아와서, 6經의 저술작업에 들어간다. 100세 시대를 살아가야 할 우리들의 인생의 좌표를 설정해 보자!
4. 공자의 述而不作의 정신은 공자의 학문정신을 대표한다. 이를 토론해보자. 溫故而知新의 정신은 그의 학문정신이자 역사관이라고 할 수 있다.
5. 공자는 예기 제33편 대동과 소강이라는 문장에서 자신이 생각하는 이상사회를 대동사회와 소강사회로 나누어 설명했다. 오늘날의 중국의 지도자들은 2021년까지는 소강사회에 도달하여, 2049년까지는 대동사회에 도달하겠다는 목표를 제시하곤 한다. 대동과 소강의 사회를 구체적으로 설명하시오.

제4화

철학의 태두 __ 老子

老子는 성이 李씨이고 이름이 耳이며, 字가 聃이고 謚號가 伯陽이다. 華夏族이며, 周나라 春秋시기에 陳나라 苦縣에서 태어났다. 대략 기원전 571년에 대어나서 기원전 471년에 죽었다.

老子는 중국고대의 위대한 思想家·文學家 및 史學家이며, 道家學派의 창시자이며 동시에 주요 대표자이기도 하다. 또 唐나라 때에는 제왕들에 의하여 李씨의 시조로 추존되기도 했다. 老子는 세계문화명인으로 세계 백대문화명인 중의 한 사람이다. 현재《道德經》(《老子》로 부르기도 함) 1권이 남아있는데, 그 내용의 핵심은 소박한 변증법으로, 無爲之治를 주장하였다. 20세기 80년대에 유엔의 교육과학문화위의 통계에 의하면, 세계문화명저들 가운데외국어로 번역·출판된 책들 가운데 발행량이 가장 많은 것은《聖經》이고, 그 다음이《道德經》이라 하였다.

老子사상은 중국철학의 발전에 심대한 영향을 끼쳤는데, 전 세계에서 발행량이 가장 많은 출판물 중의 하나이다. 道教에서는 道教의 시조로 추존되었다. 老子는 후세의 莊子와 함께 老莊으로 병칭되어진다.

第1章

道可道, 非常道。名可名, 非常名。

无名天地之始；有名万物之母。

故常无, 欲以观其妙；常有, 欲以观其徼。

此两者, 同出而异名, 同谓之玄。玄之又玄, 众妙之门。

말로 표현되어지는 도는 영원불변의 도가 아니다.

이름지어 부를 수 있는 이름은 영원불변의 이름이 아니다.

無는 천지의 시작을 일컫는 이름이며,

有는 만물의 어머니를 가르치는 이름이다.

따라서 영원불변의 無를 통하여 우주 삼라만상의 오묘함을 보며,

영원불변의 有를 통하여 우주 삼라만상의 현상을 살피고자 한다.

無와 有는 같은 근원에서 나왔으나, 그 이름이 다를 뿐 둘 다 현묘하다고 부른다.

현묘하고 또 현묘해서, 모든 현묘함이 나오는 문이다.

道·名·無·有는 노자의 우주관과 세계관을 표현하는 명제이다. 宇宙와 삼라만상의 탄생을 闡明한 선언으로, 반고의 개벽신화나 구약의 창세기에 상당하는 道家의 천지창조론이라 할 수 있다.

道는 우주의 根源으로 삼라만상의 생성과 소멸의 근원이다. 동아시아 문화권에서는 아무런 거리낌 없이 道라는 용어를 쓰고 있다. 객관적인 自然規律·宇宙自然의 攝理 등 그 어떤 표현으로도 만족스럽게 이를 표현해낼 수가 없다. 그렇지만 누구나 다 나름대로 도라는 용어를 쓰고 있고, 나름대로 자신이 생각하는 道라는 것이 있다. 그렇지만 누구도 볼 수도·들을 수도·냄새를 맡을 수도·맛볼 수도·만질 수도 없는, 인간의 감각기관으로는 이해할 수 없는 형이상학적 존재이다. 우리가 직접적으로 표현해 낼 수 없는 그 어떤 것을 만날 때, 길이 아닌 길을 찾아낸 것의 비유이다. 중국의 철학이 비로소 形而上學적인 범주로 진입을 하였고, 중국철학의 根源이 되었고, 시작이기도 하며 끝이기도 하여, 思想의 범주에 머물러 있던 중국철학이 마침내 哲學의 범주로 진입을 하였고, 노자는 철학의 아버지가 되었다.

먼저 노자 자신이 도덕경 속에서 내린 도에 정의를 살펴보기로 한다.

有物混成, 先天地生. 寂兮寥兮, 独立而不改, 周行而不殆, 可以为天地母. (제25장)

道는 혼돈 속에서 생겨난 것으로, 천지보다도 먼저 생겨났다. 소리도 없고 형체도 없이, (상대적이 아니라) 독립적으로 존재하며 영원히 변함이 없다. 어디에도 미치지 않은 곳이 없고 그 작용은 끊임이 없어 가히 천지의 어미라고 할 수 있다.

道沖而用之或不盈, 淵兮似萬物之宗, 湛兮似或存, 吾不知誰之子, 象帝之先: (제4장)

道는 空虛(充虛)하게 존재하지만, 그 작용은 다함이 없다. 深遠하여 마치 만물의 祖宗같다. (그 날카로움을 깍고, 그 복잡하게 뒤엉킨 것을 풀어서, 그 밝게 빛남을 조화롭게 하여, 온 세상의 흙먼지들과 함께 어우러진다.) 숨어있어 형체를 보이지 않으나, 없는 듯 하지만 실존한다. 나는 비록(道가) 누구의 아들인지 알지 못하나, 아마도 上帝보다도 먼저 태어난 것 같다.

视而不见, 名曰夷；听之不闻, 名曰希；搏之不得, 名曰微。此三者不可致诘, 故混而为一。其上不徼, 其下不昧, 绳绳兮不可名, 复归于无物。是谓无状之状, 无物之象, 是谓惚恍。迎之不见其首, 随之不见其后。执古之道, 以御今之有。能知古始, 是谓道纪。(제14장)

보려 해도 볼 수 없으니 이름 지어 夷라 하고, 들으려 해도 들을 수 없으니 이름 지어 希라 하고, 잡으려 해도 잡을 수 없으니 이름 지어 微라 한다. 이 세 가지는 하나하나 따로 떼어내 밝히려 해도 밝힐 수 없는 것으로, 혼연일체가 되어 하나로 엉켜있다. 윗머리도 밝게 빛나지 아니하고, 아랫부분도 캄캄하게 어둡지는 아니하며, 머리도 시작도 없이, 끝없이 이어져 뭐라 이름을 붙일 수가 없다. 일체의 운동은 모두 형체도 모양도 없는 상태로 되돌아간다. 이것이 바로 형상 없는 형상이며, 형체가 없는 형체로, "恍惚"의 상태로 존재하는 것이다. 앞으로 맞으려 나아가도 머리가 보이지 않고, 뒤쫓아 가도 등이 보이지 않는다. 변함없는 옛날의 도로서 오늘날의 일들을 관찰해보면, "도의 단서(시작)"를 알 수 있을 것이니, 이를 道紀라 한다.

위의 이야기를 종합해 보면, 시간적으로 道는 천지보다도 먼저 (태초에)생겨나서 영원불변하며 영원불멸하며 잠시도 쉬지 않고 生生息息(그 작용이 끊임없이 계속된다.)을 계속한다.

공간적으로 道는 공간적으로 우주에 가득하여 어디 미치지 않는 곳이 없고, 그 작용은 끊임이 없어 가히 천지의 어미라고 할 만하다.

道의 특성은 無色(보아도 보이지 아니하고), 無聲(들으려 해도 들리지 아니하고), 舞象(잡으려 해도 잡히지 아니하고), 無臭(냄새를 맡으려 해도 냄새가 없고), 無味(맛을 보려 해도 맛이 없다.)하여 인간의 감각기관으로는 이를 느낄 방법이 없다.

道의 작용은 시간적으로 영원하며, 공간적으로 무궁무진하여 미치지 않는 곳이 없으며, 잠시도 쉬지 않고, 영원히 작용한다.

道의 존재형태는 소리도 없고 형체도 없이(虛靜), (상대적이 아니라) 독립적으로 존재하며 영원히 변함이 없다. 일체의 운동은 모두 형체도 모양도 없는 상태로 되돌아간다. 이것이 바로 형상 없는 형상이며, 형체가 없는 형체로, "恍惚"의 상태로 존재하는 것이다. 道의 体와 用에 관한 분명한 정의가 내려져야 하지만 어떠한 방법으로도 분명하게 설명할 수 없는 것이 道의 실체이고 도의 작용이다.

道可道非常道(말로서 표현할 수 있는 영원불변의 도가 아니다.) 노자는 道를 道와 常道와 非常道 셋으로 나누어 설명한다. 1. 道…2. 非常道…3. 常道 등 세 단계로 나누어 논리를 전개하고 있다. 현재 우리가 모두 날마다 쓰고 있고 아무런 의심의 여지없이 받아들이는 道는 常道가 아니라며 부정을 가하고, 회의를 한다. 이러한 부정은 단순한 부정이 아니라 常道에 다가가기 위한 한 방법으로 부정을 한 것이다. 이러한 부정과 이러한 회의를 방법론적 부정·"방법론적 회의"라 한다. 그 회의의 결과 한 차원 더 높은 이해와 개념정의 에 도달하게 되는 것을 목적으로 하고 있다. 이것이 곧 常道를 찾기 위한 철학적 사유이다. 노자의 중국철학사적 공헌은 바로 이러한 철학적 사유가 가능하도록 한 것에 있다.

名 또한 마찬가지이다. 이름이란 어떤 사물이나 사실을 가리키기 위한 방법이다. 여기서 거론하는 名이 일반적인 名을 가리키는지 아니면 제1장에서 말하고 있는 道를 한정하여 말하고 있는지 한정하는 것이 필요하다. 제25장에서 "나는 그 이름을 알지 못한다. 억지로 이름을 지어 불러야 한다면 그 字를 道라 부르기로 하고, 억지로 그 이름을 지어 불러야 한다면 大라고 부르기로 한다.(吾不知其名, 强字之曰道, 强为之名曰大)"고 하였다. 道란 실체가 있는 名이 아니라, 단순히 道라는 실체를 가리키기 위한 수단에 불과한 것으로 道가 아닌 그 어떤 다른 이름으로 불리어도 전혀 문제가 없다.

名可名非常名(이름 지어 부를 수 있는 이름은 영원불면의 이름이 아니다.) 노자는 名 역시 名과 非常名과 常名, 셋으로 나누어 설명한다. 1.名… 2. 非常名…3. 常名 등 세 단계로 나누어 논리를 전개하고 있다. 현재 우리가 모두 날마다 쓰고 있고 아무런 의심의 여지없이 받아들이는 名은 常名이 아니라며 부정을 가하고, 회의를 한다. 이러한 부정은 단순한 부정이 아니라 常名에 다가가기 위한 한 방법으로 부정을 한 것이다. 이러한 부정과 이러한 회의를 "방법론적 회의"라 한다.

无名天地之始(無는 천지의 시작을 일컫는 이름이며,)

有名万物之母。(有는 만물의 어머니를 가르치는 이름이다.)

無는 자연과학에서 사용하는 정말로 아무 것도 없는 眞空을 이야기하는 것이 아니라, 서양에서 이야기는 하는 혼돈(chaos)·태초 등이나 반고개벽신화에서 이야기하는 混沌(有物混成)을 가리키는 것으로 어쩌면 곧바로 불교에서 이야기하는 眞空妙有의 상태인 空과 꼭 일치하는 것은 아니라 하더라도 거의 비슷한 그러한 상태를 의미하는 것이라 할 수 있다. 道家에서 이야기하는 이 無(混沌)에서 천지가 개벽하여 자연의 섭리를 따라서 천지가 개벽을 하고 그리고 삼라만상이 생겨나게 되는 것이다. 이는 서양의 천지창조와는 전혀 다른 성격의 천지개벽이다. 그래서 노자는 無는 天地之始(천지의 시작)를 부르는 이름이다. 그 이름은 無가 아닌 그 어떤 다른 이름으로 불리어도 무방하지만, 無라고 부르기로 하자고 제안한 것에 불과하다.

有는 無에서 나온 것으로 하늘과 땅 그리고 盤古 등 세상에 존재(實存)하는 모든 사물들의 최초의 存在에 대해 부르는 이름 즉 萬物之母를 부르는 이름에 불과하다. 그 이름은 어떤 것으로 불러도 무방하지만 有라고 부르기로 하자고 제안한 것에 불과하다.

이를 다시 태극도설로서 설명하면, 無極에서 太極이 나오고, 太極에서 陰陽의 운동이 일어나 五行이 나오고, 이 오행은 또다시 새로운 태극을 이루어 陽은 乾道를 걷게 되고 陰은 坤道를 걷게 되어 이 음양이 묘합을 이루어 만물이 생겨나게 된다. 이 만물이 그 일생을 다하게 되면 다시 無로 되돌아가게 된다.

天下萬物은 有에서 나오고, 有는 다시 無에서 나오니, 無와 有의 상호운동은 곧 道의 운동이다. 道의 운동은 循環往復의 작용으로 끝없이 이어져 영원히 계속되어진다. 天下萬物은 有에서 나오니, 이는 道의 작용으로 有가 곧 만물의 어머니가 된다.

순환왕복하는 것이 도의 운동이며, 유약한 것이 도의 작용이다. 천하만물이 有에서 나오고, 有는 無에서 나온다.(反者道之动, 弱者道之用。天下万物生于有, 有生于无。第四十章)

이는 곧 도가의 우주관 세계관이라고 할 수 있다.

故常无, 欲以观其妙 ; (따라서 영원불변의 無를 통하여 도의 운동의 오묘함을 보며),

常有, 欲以观其徼。(영원불변의 有를 통하여 도의 작용의 현상을 살피고자 한다.)

道家에서 이야기하는 道常의 운동은 순환왕복하는 운동이며, 이 운동은 生生不息(영원히 쉬지 않고 끊임없이 일어나고 있다.)한다. 無에서 有가 나오고 有는 다시 無로 되돌아가는 이 영원불변의 운동 속에서 영원히 변함없는 無를 통하여 道의 운동의 오묘함을 관찰하며, 영원불변의 有를 통하여 道의 작용의 현상을 관찰하고자 한다.

此两者, 同出而异名, 同谓之玄。玄之又玄, 众妙之门。 無 와 有는 같은 근원에서 나왔으나, 그 이름이 다를 뿐, (道의 운동과 작용) 둘 다 현묘하다고 부른다. 현묘하고 또 현묘해서, 모든 현묘함이 나오는 문이다.

道의 운동과 작용은 참으로 오묘해서 그 어떤 것으로도 표현할 수가 없다. 황홀하다 현묘하다고 할 수밖에 없다. 門은 출입하는 곳으로 곧 道의 작용을 말한다.

이상에서 말한 바와 같이 道의 体와 用과 無와 有의 이름과 상호 작용을 통해서 우주자연의 생성의 비밀과 그 운용의 묘에 대해서 설명하고 있으니 이는 우주관이나 세계관으로 조금도 손색이 없다.

第2章

天下皆知美之为美, 恶已；皆知善之爲善, 斯不善矣。有无之相生也, 难易之相成也, 长短之相刑也, 高下之相盈也, 音声之相和也, 先后之相随, 恒也。是以圣人居无为之事, 行不言之教, 万物作而弗始也, 为而弗志也, 功成而弗居也。夫唯弗居, 是以弗去。

온 세상 사람들이 모두 아름다운 것이 아름다운 것으로 알고 있지만, 그것은 아름답지 못한 것으로 인하여 상대적으로 생겨난 것일 뿐이다. (온 세상 사람들이 모두) 착한 것이 착하다고 알고 있지만, 그것은 악이 있으므로 인해서 상대적인 개념으로 생겨난 것일 뿐이다. 有無가 相生하고, 難易가 相成하며, 長短이 上刑하고, 高下가 相盈하며, 音聲이 相和하며, 先后가 相隨하니 이는 영원불변이니라. 따라서 聖人은 無爲之事에 거처하고, 不言之教를 행하며, 만물이 생겨나도 이를 이끌지 아니하며, 모든 일을 다 이루지만 자기 뜻대로 하지 아니하며, 공을 다 이루었지만 그 공을 자기의 것으로 하지 않는다. 그 공을 자기의 것으로 하지 않기 때문에 그 자리에서 물러남이 없다.

노자의 인식론적 특성이 잘 드러나 있다. 세상에 존재하는 모든 인식은 독립적으로 절대적으로 존재하는 것이 아니라, 相生·相成·相刑·相盈·相和·相隨하여 상호의존적으로 상대적으로 존재하고 있다는 인식이다. 여기에서 예로 든 善惡·美醜·有無·難易·長短·高下·音聲·先后 등 은 모두가 다 상반되는 개념이고, 서로 모순되는 개념이며, 서로 대립되는 개념이다. 서로 모순되는 개념들이 서로 대립하고 轉化(反者, 道之動也.)하며 통일의 길로 들어가는데, 이것이 道의 운동이고, 변화발전의 총 원리이다. 통일의 총 법칙이 곧 無爲이다. 無爲란 아무 것도 하지 않는 것이 아니라, 자연법칙에 순응하여 변화·발전하는 것을 말하며, 적극적이고 창의적인 것이다. 相反相成이 곧 소박한 변증법의 원리이다. 이 변증법의 원리가 사회발전법칙을 의미하며, 이것이 곧 과학적 방법이다. 예를 들어 설명하면 세상사람들이 모두 선과 악을 이야기하지만 절대적인 선과 악이란 존재하지 않는 것이며, 선은 악에 대한 상대적인 개념으로 존재할 뿐이다. 다시 이 선과 악을 분석해보면 선에도 반드시 장점과 단점이 존재하고, 악에도 반드시 장점과 단점이 존재하니, 어떤 일을 행함에 있어, 그 장점을 취하고 그 단점을 버리게 되면 그 행함이 변화와 발전으로 이어지게 된다. 따라서 반드시 과학적인 방법으로 연구·분석하여, 精髓와 찌꺼기를 구분하여, 그 정수를 발전시키고 그 찌꺼기를 버려야 한다. (弘扬精华, 抛弃糟粕) 이것이 문화를 대하는 노자의 관점이라고 할 수 있다.

노자는 聖人居無爲之事, 行不言之敎에 대해서 논하고 있다. 여기에서 이야기하는 聖人은 道家에서 말하는 성인으로 儒家에서 말하는 內聖外王의 道를 터득한 聖人을 말하는 것이 아니다. 그 차이점은 無爲와 有爲에 있다. 道家에서 말하는 聖人은 어떤 인위적인 조작도 가해지지 않은 無爲自然의 상태로 머무르며, 不言之教를 행한다고 천명하고 있다. 그러나 儒家에서의 성인은 仁義禮智라는 인간이 마땅히 행해야 할 표준을 세우고, 이를 가르침으로서 修身齊家治國平天下의 道를 행해야 한다고 천명하고 있다. 어떻게 머무르며, 어떻게 행해야 하는지에 대해서 道家와 儒家는 서로 다른 방법론을 제시하고 있다.

제2장에서는 노자의 소박한 변증법적 법칙이 잘 표현되어져 있으며, 처세철학에 대해서도 명백하게 선언하고 있다. 이는 노자의 중국철학에 대한 특징이며 공헌이다.

第3章

不尚贤, 使民不争 ; 不贵难得之货, 使民不为盗 ; 不见可欲, 使民不乱。是以圣人之治也, 虚其心, 实其腹, 弱其志, 强其骨, 恒使民无知·无欲也。使夫知不敢不为也, 无为, 则无不治矣。

현인을 숭상하지 아니하면, 백성들을 다투지 않게 하며, 얻기 어려운 재화를 귀하게 여기지 아니하면, 백성들을 도둑이 되지 않게 하며, 욕심낼만한 것을 보여주지 아니하면, 백성들의 마음을 어지럽게 하지 않을 것이다. 따라서 성인의 다스림은, 마음을 비우고, 배를 든든하게 하며, 뜻을 약하게 하고, 몸을 튼튼하게 하여, 백성들을 무지무욕하게 만든다. 무릇 지혜롭다고 하는 자들로 하여금 (권모술수를) 이루지 못하게 하면, 다스려지지 않음이 없게 될 것이다.

노자의 無爲之治도 춘추전국이라는 중국역사상 가장 혼란한 시대의 산물이었다. 500년이라는 오랜 기간 동안의 전쟁은 수많은 인재와 재화를 필요로 했다. 자칭 타칭의 수많은 현자들이 나와 자신의 정치적 견해를 전술과 전략으로서 유세를 하고 전쟁을 수행했다. 이것이 곧 제자백가사상이며, 그 중 1家가 道家이고, 그 창시자가 老子이다.

不上贤, 使民不争: 春秋末 戰國初라는 특수한 시대상황하에서, 전쟁은 인재를 필요로 하였고, 수요가 확대되자, 엄격하게 유지되던 귀족사회라는 봉건계급사회가 느슨해지고, 권력자들은 앞을 다투어 인재를 등용하였고 평민들에게는 관리가 되어 정치에 참여하는 신분상승의 기회가 주어졌다. 이 기회를 잡기 위하여 지혜롭고 능력 있는 자들은 앞을 다투어 정책을 개발하고 전쟁에 참여를 주저하지 않았다. 노자의 이 명구는 이러한 현상에 대한 매우 시의 적절한 비판이다.

不贵难得之货, 使民不为盜: 전쟁은 수많은 물자를 필요로 하였고, 그 가운데서 작으면서도 값이 나가는 財貨는 가격이 폭등하는 異常現象을 낳기 마련이다. 따라서 공급이 수요를 따라가지 못하는 품귀현상이 나타나고, 필연적으로 비정상적인 방법으로 이를 획득하려는 시도가 일어날 수밖에 없으니, 그 결과 도둑이 창궐하게 된다.

不见可欲, 使民不乱: 역사상 정직한 전쟁은 없었다. 전쟁을 수행하기 위해서는 명분이 필요하였으며, 위정자들은 온갖 명분을 내세워 전쟁을 수행하였다. 백성들은 그 명분을 거역하지 못해 전쟁에 참여할 수밖에 없었다. 이 명분이 사람들의 마음을 혼란에 빠뜨리는 주범이었다.

是以圣人之治也, 虚其心, 实其腹, 弱其志, 强其骨, 恒使民无知·无欲也.: 老子를 비판하는 사람들은 이 귀절을 인용하여 愚民政治라고 비판을 한다. 노자가 소박한 변증법을 운용하였다는 사실에 주목하면, 聖人之治는 現實之治에 대한 矛盾과 對立이며, 이 모순과 대립이 轉化하여 통일에 이르는 한 과정에 불과하다. 성인의 다스림은 마음을 비우고, 배를 든든하게 하며, 뜻을 약하게 하고, 몸을 튼튼하게 하여, 백성들을 무지무욕하게 만든다. 그 결과 아래 단락의 통일에 이르게 된다.

使夫知不敢 · 弗为而已, 则无不治矣.: 무릇 지혜롭다고 하는 자들로 하여금 (권모술수를) 이루지 못하게 하면, 다스려지지 않음이 없게 될 것이다. 노자는 無爲之治를 주장했다. 노자의 문명비판의 절대적 기준은 무위자연이었다. 일체의 인위와 조작을 배척하였다.

제3장은 제2장에 말한 聖人居無爲之事, 行不言之教에 대해서 다시 한 번 강조하고, 이를 실행에 옮기지 않은 현실정치에 대한 비판을 한 것이다. 인류의 문명에 대한 경종을 울리고 있다.

第4章

道冲, 而用之有弗盈也。渊呵！似万物之宗。(锉其兑, 解其纷, 和其光, 同其尘)。湛呵！似或存。吾不知其谁之子, 象帝之先。

道는 空虛(充虛)하게 존재하지만, 그 작용은 다함이 없다. 深遠하여 마치 만물의 祖宗같다. (그 날카로움을 깍고, 그 복잡하게 뒤엉킨 것을 풀어서, 그 밝게 빛남을 조화롭게 하여, 온 세상의 흙먼지들과 함께 어우러진다.) 숨어있어 형체를 보이지 않으나, 없는 듯 하지만 실존한다. 나는 비록(道가) 누구의 아들인지 알지 못하나, 아마도 上帝보다도 먼저 태어난 것 같다.

道는 텅텅 비어 있는 것 같으나 그 작용은 다함이 없다. 마치 깊고 깊은 연못과 같아서 만물의 근원과 같아 보인다. 그윽하여 마치 실존하는 것 같아 보인다. 나는 비록 그가 누구의 아들인지 알지 못하나,

아마도 上帝(하늘)보다도 먼저 생겨난 것 같다.

道는 있는 듯 없는 듯 존재하는 實體이며, 그 작용은 무궁무진하다. 道는 天地보다도 먼저 생겨나서 모든 萬有가 존재하게 한 근원이다. 제4장은 제1장을 이어서 道의 体와 用에 관한 해석이다.

第八章

上善若水。水善利万物而不争, 处众人之所恶, 故几于道。居, 善地 ; 心, 善渊 ; 与, 善仁 ; 言, 善信 ; 政, 善治 ; 事, 善能 ; 动, 善时。夫唯不争, 故无尤。

최고로 선한 사람은 (그 인품이) 마치 물과 같다. 물은 온 세상 만물을 다 이롭게 하지만 다투는 법이 없으며, 모든 사람이 다 싫어하는 곳에 거처하니 거의 道에 가깝다. ①거처함에는 善地하고, ②마음가짐은 善淵하고, ③함께 함은 善仁하고, ④말씀은 善信하고, ⑤정치는 善治하고, ⑥일은 善能하고, ⑦움직임은 善時한다. 오로지 다투지 않기 때문에, 근심과 원한이 없다.

노자는 물의 일곱 가지 성질을 일일이 나열해서 고상한 인품을 가진 사람의 인격과 비유했다. 그들의 인품은 물과 같이 첫째, 柔(부드럽고)하고, 둘째 낮은 곳에 거처하고(겸손하고), 셋째, 만물을 이롭게 하지만 그들과 다투지 않는 것이다. 제8장에서는 사람의 인격수양과 처세술에 대해서 이야기하고 있다.

노자가 道라는 명제를 제기한 그 순간, 중국의 철학이 비로소 形而上學적인 범주로 진입을 하였고, 중국철학의 根源이 되었고, 시작이기도 하며 끝이기도 하여, 思想의 범주에 머물러 있던 중국철학이 마침내 哲學의 범주로 진입을 하였고, 노자는 철학의 아버지가 되었다.

토론

결론적으로 이야기하면, 노자의 도덕경은 5천여 자에 불과한 작은 분량이지만,

1. 道의 실체와 작용을 통하여 우주의 생성원리와 그 존재를 설명하고 있는데 이는 곧 중국인들의 우주관 세계관이라고 할 수 있다.
2. 그 논리전개에 있어 방법론적인 회의를 채용하여 철학적 사유가 가능하게 하였다. 道可道非常道, 名可名非常名이라는 이 짧은 名句가 중국철학사에서 가지는 의미와 후세에 끼친 영향에 대하여 토론해보자!
3. 소박하나마 변증법적인 논리를 전개하여 변화발전의 논리적 체계를 개발하였다. 인식론적인 측면에서 절대적으로 존재하는 실존은 존재하지 않으며, 모두가 상대적으로 존재한다는 개념을 제시하였을 뿐만 아니라 과학적인 방법론을 제시하여 사회발전의 법칙을 설명하려는 시도가 나타났다.
4. 정치적인 측면에서 不言之教와 無爲之治의 표준을 세움으로서 道家 나름의 이상정치에 대한 명확한 기준을 제시하였다. 이러한 사상은 小國寡民의 정치형태로 연결되었다. 문학에 나타난 이들 이상을 토론해 보자!(예 桃花源記)
5. 上善若水와 같은 절대적 기준을 제시함으로써 이상적 인격과 처세술에 대한 기준도 제시하였다.

제5화

애국문학의 아버지 __ 屈原

굴원(屈原, 기원전 340년 ~ 기원전 278년)은 중국 전국 시대 초나라의 시인·정치가다. 성은 미(芈), 씨는 굴(屈), 이름은 평(平)이다. 초나라의 왕족으로 태어나 초나라의 회왕 때에 左徒(보좌관)에 임명되었다. 학식이 높고 정치적 식견도 뛰어난 정치가였으며, 懷王의 상담역으로 국사를 도모하고, 외교적 수완이 뛰어났으나, 다른 이의 모함을 받아 신임을 잃고 끝내 자살하였다. 그는 이러한 아픔을 시 이소(離騷)에 담아내었다. 이소란 '우수에 부딪힌다'는 뜻이다.

人物生平[5)]

早年经历

周显王二十九年(前340年)正月初七日(일설에는 周显王三十年(前339年)正月十四日이라고도 함.), 屈原은 楚国丹阳秭归에서 태어났다. 다음해 乐平里로 이사했다.

周显王三十九年(前330年), 屈原은 乐平里에서 살았다.。 어려서부터 독서를 좋아해 독서광이 되어 여러 책을 가리지 않고 광범위하게 읽었다. "석굴에서 책을 읽었다."거나 "파산의 노인으로부터 경을 얻었다."는 이야기는 아마도 이 해에 있었던 일인 것 같다.

周显王四十年(前329年), 乐平里에서 살았다.。屈原이 비록 귀족출신이기는 하였으나 어려서부터 농민들 속에서 자라났고, 가정의 양호한 환경의 영향을 받아서, 빈곤한 백성들을 매우 동정했다. 이때부터 어린 나이에도 불구하고 민중들을 구휼하는 많은 일들을 하여, 이구동성으로 그를 칭찬하는 소리가 끊이지 않았다.

初露才华(처음으로 그의 뛰어난 재능)을 드러내다.

周显王四十八年(前321年), 秦나라 군대가 楚나라 국경을 침범하였다. 屈原은 乐平里의 청년들을 조직하여 항전을 벌였는데, 그는 한편으로는 탁월한 식견으로 청년들에게 사상교육을 실시하고, 또 다른 한편으로는 교묘하게 각종 전술을 구사하여, 임기응변으로 과감하게

5) "http//www.baidu.com"의 글원에서 발췌 번역한 것임을 밝혀둠.

적진을 공격하여 적들에게 엄청난 타격을 입힘으로서, 그의 비범한 재능을 발휘했다.

周愼靓王元年(前320年), 仲春三月에 屈原은 楚怀王의 부름을 받고 고향을 떠나 수도로 갔다. 이 해에 그는 鄂渚의 县丞이 되었다.

周愼靓王二年(前319年), 승진하여 楚懷王의 左徒가 되었다. 屈原은 이해 처음으로 齊나라에 외교사절로 갔다.

周愼靓王三年(前318年), 楚나라의 내정과 외교에 매우 바쁜 한해를 보냈다. 楚·魏·趙·韓·燕 등 다섯 나라가 연합하여 秦나라를 공격하였다. 屈原도 군대를 따라 전장으로 나갔다.

变法改革

周愼靓王四年(前317年), 屈原은 变法改革에 몰두하여 각종의 법령을 만들었다.

周愼靓王五年(前316年), 变法改革을 지속하여, 구귀족 및 일체의 완고한 세력들과 투쟁을 계속했다.

周愼靓王六年(前315年), 변법개혁을 계속하여, 민심이 끌어 올랐으며, 楚나라의 형세가 급변하여, 귀족들은 박멸될 위기에 처하게 되었다.

谗而见疏(참소를 당하여 임금과의 관계가 소원해지다.)

周赧王元年(前314年), 屈原이 上官大夫의 참소로 인하여 임금과의 관계가 소원하게 되어, 左徒에서, 三閭大夫로 좌천되었다.

周赧王二年(前313年), 屈原은 제1차로 漢北지역(今河南西峡·淅川·内乡一带)으로 유배되었다.。秦나라 张儀가 楚齊联盟을 개뜨리려 하자, 楚懷王은 두 차례 군대를 일으며 秦나라를 정벌하려 하였으나, 결과적으로는 秦나라에 패배하여, 漢中郡이 함락되었다. 역사에서는 이를 "丹陽之戰"이라고 부른다.

周赧王三年(前312年), 楚나라가 군대를 파병하여 秦나라에 반격을 가하였으나, 藍田(今陕西蓝田일대)에서 대패하였다. 楚나라 懷王은 다시 屈原을 기용하여, 齊나라로 보내, 齊楚 두 나라 간 새로운 동맹을 맺고자 하였다.

周赧王四年(前311年), 秦惠文王은 更元十四年에, 楚나라 召陵의 땅을 빼았았다. 惠文王은 漢中의 땅 반을 떼어주고 楚나라와 동맹을 맺기를 원하였으나, 楚懷王은 漢中의 땅보다도 張儀를 얻기를 원했다. 張儀가 楚나라로 갔으나, 많은 돈으로 靳尚(楚나라 대신)에게 뇌물을 주고, 懷王이 총애하던 애첩 鄭袖를 매수하여 懷王을 꼬드겨 석방이 되어 秦나라로 되돌아갔다. 秦惠文王이 죽고, 아들 蕩이 武王이 되었다.。屈原이 齊나라의 사신으로 갔다 돌아와 보니, 張儀는 이미 떠나고 없었다. 屈原이 상소를 올려 "왜 張儀"를 죽이지 않았느냐?"고 묻자, 懷王이 그제서야 후회를 하고, 사람을 보내어 뒤좇게 하였으나, 붙잡지 못했다.

周赧王五年(前310年), 秦武王元年, 張儀는 武王이 자신에게 만족하지 못하자, 秦나라를 떠나 趙나라로 갔다. 屈原은 여전히 懷王을 섬겨 三閭大夫를 지냈다. 懷王은 張儀에게 속은 것을 깨달았으나, 일시적으로 이를 모면하기 위하여 屈原을 기용하여 齊나라로 사자를 보내었다. 그가 齊나라에서 돌아오자 楚懷王은 곧바로 屈原을 멀리했다.

周赧王六年(前309年), 秦武王二年, 齊宣王이 합종연맹의 장이 되기 위해서, 楚나라가 秦나라와 연합하는 것을 싫어하여, 使者를 파견하여 楚왕에게 편지를 보내었다. 楚王이 결정을 내리지 못하고 망설이자, 昭雎가 적극 諫하여, 마침내 秦나라와 연합하지 아니하고, 齊나라와 연합하여 韓나라와도 잘 지내게 되었다. 屈原은 조정의 정치에 참여할 수 없게 되자, 昭雎 등 대신들을 통해서 懷王이 齊나라와 연합하도록 애를 썼다.

周郝王十七年(前298年), 秦昭王이 병력을 이끌고 武關으로 출병하여, 楚나라를 공격하여 병사 5만을 죽이고, 析 (今河南淅川)과 좌우의 15개의 성을 빼앗은 후 돌아갔다.

流放汉北(漢水의 北方으로 유배되었다.)

周赧王十一年(前304年), 屈原은 漢北(汉江以上, 今河南南阳西峡·淅川一带)을 유랑했다. 秦나라와 楚나라가 다시 연합을 하니 이는 굴원의 계책과 상반되는 것이었으므로, 간사한 무리들이 모함을 하여 그를 해치려고 하자, 그는《九章·抽思》에서 돌아가고 싶으나 돌아갈 수 없다는 당시의 자신의 처지를 나타내었다.

周赧王十三年(前302年), 齊나라 魏나라와 韩나라 등 세 나라가 연합하여 楚나라를 공격하자, 楚나라는 太子橫을 인질로 보내어, 秦나라에 원병을 보내줄 것을 요청하였다. 秦王이 客卿通에게 명령을 내려 군대를 이끌고 가서 楚나라를 구원하게 하여, 세 나라 연합군을 물리쳤다. 다음 해에 秦나라의 한 대부가 사적인 일로 太子橫과 싸우다 그만 죽고 말았다. 太子橫은 秦昭王이 그에게 죄를 물을 것을 두려워하여, 몰래 도망쳐 楚나라로 돌아왔다. 橫의 일로 인하여 秦나라와 楚나라의 사이가 악화되어, 秦나라가 빈번히 楚나라를 침범하는 계기가 되었다. "屈原은 楚懷王이 소인배들의 참언을 믿어 진실하지 못한 말이 진실한 말을 가리는 상황이 되니, 이런 유언비어가 장차 楚나라의 이익을 해치며, 방정한 인재들을 등용할 수 없는 상황을 만들 것이므로, 이를 통탄하여 근심걱정 속에서 《離騷》를 지었다.

周赧王十六年(前299年), 屈原은 이미 漢北의 유배지에서 돌아와 昭睢 등과 함께 懷王이 (秦나라와의) 만남에 나가지 말도록 諫하여 다음과 같이 말하였다.: "秦나라는 호랑이나 이리와 같은 나라여서 믿을 수가 없습니다. 가지 않은 것만 못합니다." 그러나 懷王의 어린 아들 子蘭이 秦王의 환심을 잃을까 두려워하여, 극력 가도록 종용하였다. 그 결과 懷王이 武關에 들어가자 말자 秦軍은 懷王을 사로잡아 咸陽으로 압송하였으며, 懷王에게 巫郡과 黔中郡을 할양할 것을 강요하였다. 楚 懷王이 咸陽으로 잡혀가고 난 후, 楚나라는 齊나라로부터 太子橫을 맞아들여 頃襄王으로 세우고, 公子子蘭은 令尹이 되어 秦나라에 토지를 할양하려 하지 않자, 秦나라는 다시 군대를 파병하여 楚나라를 크게 물리치고 5만명을 죽이고 16개의 성을 빼앗았다.

放逐江南(강남으로 유배를 가다.)

周赧王十九年(前296年), 楚懷王이 秦나라에서 죽었다. 秦나라가 그의 시체를 楚나라로 돌려보내 안장을 하게 하였다. 제후들은 이에 秦나라가 의롭지 못한 나라라는 것을 알게 되었다. 楚나라는 秦나라와 단교를 하였다. 屈原은 三閭大夫에서 쫓겨나, 강남으로 유배되었다.

그는 郢都에서 출발하여 먼저 鄂渚를 거쳐 洞庭湖로 들어갔다.

周赧王二十年(前295年), 屈原이 长沙에 도착하여, 楚나라의 先王이 처음으로 봉지를 받은 이 땅에서 산천의 형세를 두루 살펴보자, 나라를 바로 세우고자 하는 마음이 일어났다.

周赧王二十二年(前293年), 楚顷襄王六年, 秦나리가 白起를 파견하여 伊阙로가 韓나라를 공격하여, 대승을 거두고 24만 명을 죽였다. 秦나라는 마침내 楚王에게 서신을 보내 다음과 같이 말했다.: "楚나라는 秦나라를 배반하였다. 秦나라는 제후들을 이끌고 楚나라를 정벌할 것이니, 일전을 겨루기를 바란다. 너희들도 군대를 정비하여 통쾌한 일전을 겨뤄 승부를 가리기를 원한다."楚顷襄王은 복수의 감정을 잊은 적이 없었다. 그래서 懷王이 타국에서 객사를 한 사실을 지적하며, 그 원인은 "스스로 충신이라고 떠드는 사람은 충신이 아니고, 스스로 현명하다고 떠드는 사람은 현명한 사람이 아니다."이었기 때문이었다.

周赧王二十一年(前294年), 到周赧王三十六年(前279年), 屈原이 2차로 남방의 유배지로 귀양을 갔다. 이 때 유배지로 향한 노선은 아래와 같다. 《九章, 哀郢》에 근거하여 분석하면, 郢都(湖北江陵縣)에서 출발하여, 먼저 남쪽으로 강을 따라 내려가 夏首(湖北沙市东南)을 지나, 멀리 龍門(郢都的東門)을 바라보고, 洞庭湖를 거쳐 長江으로 들어갔다. 그 후, 夏浦(湖北漢口)를 떠나 마지막으로 陵阳(今安徽青陽縣南)에 도착했다. 무려 16년에 달하는 긴 시간이었으며, 이 기간 동안에《九章, 悲回風》등과 같은 수많은 우수한 문학작품들을 썼다.

自投汨羅(汨羅수에 몸을 던져 자결하다.)

周赧王三十五年(前280年), 楚頃襄王十九年, 秦나라 장수 司馬錯將이 초나라를 공격하여, 楚나라는 上庸·漢北 등의 땅을 할양하였다. 그 다음해 또 秦나라 장수 白起가 楚나라를 공격하여 邪·鄭·西陵 등을 빼앗았다.

周赧王三十七年(前278年), 白起가 한 걸음 더 나아가 수도인 郢都를 함락하니, 楚나라 頃襄王은 정치를 장악한 귀족들과 함께 도망쳐 피난을 가, 陳城(今河南淮阳县)에 머물렀다. 극도로 우울하고 완전히 절망적인 상황에서, 屈原은 음력 5월 5일 汨羅江에 몸을 던져 자결하였다. 이 해가 대략 楚나라 頃襄王二十一年(前278年)이며, 屈原은 당시 62세 전후였을 것이다.

1) 단오절의 유래와 종자와 용선경기

강위의 어부들과 뭍 위의 백성들은 굴원이 강물에 뛰어들어 스스로 목숨을 끊었다는 소식을 듣자 모두들 강가로 몰려나와, 온힘을 다해 굴원의 시체를 끌어 올리려 찾았다. (이러한 풍속은 나중에 용선경기가 되었다.) 또 사람들은 모두 집에 있던 粽子(만두의 일종)와 계란을 들고 나와 강물에 던져, 이것을 먹고 굴원의 시체를 뜯어먹지 않도록 하였다. 또 한 의사가 있어, 雄黃酒를 강물에 부어서, 교룡과 물속의 괴물들이 모두 약에 취하게 하여, 굴원의 시신을 훼손하지 못하게 하였다. 얼마 지나지 않아서, 술이 취해 정신을 못 차린 교룡이 물위로 떠올랐는데, 용의 수염에 아직도 굴원의 옷가지의 한 쪽이 붙어 있었다. 사람들은 이 나쁜 용을 땅위로 끌어 올려서, 용의 근육을 발라낸 후 아이들의 손과 목에다 묶어주고. 또 雄黃酒를 구멍(입·코·귀 등)마다 발라주었다. 어떤 사람들은 아이들의 이마 위에 "王"자를 써, 독사나 해충들이 그들을 해치지 못하게 하였다. 이때부터, 해마다 5월 초가 되면, 즉 굴원이 강물에 몸을 던진 날이 되면, 楚나라 사람들은 강가로 가서 용선경주를 하고, 종자(만두)를 던지고, 雄黃酒를 마시며, 시인을 기념했는데, 이렇게 해서 단오절의 풍습이 전해져 내려갔다.

2) 文学成就

屈原은 시인으로, 중국에서 문학으로서 세상에 이름을 날린 사람은 그로부터 시작되었다. 그 이전에도 《詩經》이라는 문학장르가 존재하기는 하였지만, 시경에 등장하는 각 작품은 개인독창의 작품이 아니라, 오래전부터 구전되어 내려온 작품을 공자께서 이를 删詩하여 정리하였다. 이에 반해 굴원은 楚辭("騷体"라고도 부름)라는 문체를 창시했고, "衣被詞人, 非一代也(만대에 걸쳐 영향을 끼친 詞人)"이라는 명예를 얻었다.

《楚辭》는 16권이며 한(漢)나라 유향(劉向)이 편집하였다. 劉向이 초나라 회왕(懷王)의 충신 굴원(BC 3세기경)의 《이소(離騷)》와 25편의 부(賦) 및 후인의 작품에다가 자작 1편을 덧붙여 《초사》를 편집했으며, 후한(後漢)의 왕일(王逸)은 이 책의 사장(辭章)을 고정(考定)·주석하여 《초사장구(章句)》 16권을 지었다. 현존하는 것은 굴원의 《離騷》《九歌》《天問》《九章》《遠遊》《卜居》《漁父》, 宋玉의 《九辯》《招魂》, 屈原 또는 景差의 《大招》《惜誓》, 淮南小山의 《招隱士》, 東方朔의

《七諫》, 嚴忌의《哀時命》, 王褒의《九懷》, 劉向의《九歎》의 16권 외에 왕일의《九思》를 더하여 17권이다.

현재까지 남아있는 41편 가운데 절대 다수가 굴원의 작품이며, 또 그 가운데 가장 뛰어나고 사랑을 받는 작품들도 대부분이 굴원의 작품이다. 따라서 굴원은 초사의 창시자이며 초사의 대표라고 할 수 있다.

시경이 지금까지 전해 내려오는 민요들을 모아 정리한 것으로 작가가 전해지지 않는 데에 반하여 초사는 모두 작가가 독창적으로 작품을 쓰고 스스로 자신의 이름을 밝힌 최초의 시가이다. 따라서 굴원은 중국최초의 시인이라 할 수 있다. 굴원은 중국의 시단에 우국문학 애국문학의 전통을 창작한 애국문학의 아버지라 하겠다.

중국문학사에서 고전문학을 이야기할 때면 반드시 시경과 초사를 비교해서 설명을 하고 그 특징을 비교하게 되는데, 당시 북방에서 유행했던 〈시경詩經〉과는 내용과 형식에서 완전히 다른 시체라고 할 수 있으며 내용적으로는 〈시경〉의 현실적인 시들과 달리 개인의 고뇌와 번민을 수많은 비유와 대구로 표현하여 문학성과 예술성을 한층 높였다.

3) 文学创新

(1) "香草美人"의 상징적 수법

굴원의 "香草美人"의 상징적 수법은《詩經》의 比興의 수법을 계승하여 발휘한 것으로, 굴원의 창작은 상당한 정도로 감정의 해방을 보여주고 있으며, 이로 인하여 참신하고·생기가 넘치며·강렬한 호소력이 있는 시가의 풍격을 만들어 내었다. 이러한 감정표현의 수요는 평범하고 사실적인 수사방법으로는 만족시킬 수 없었기 때문에, 楚나라 지역의 신화재료를 대량으로 빌려 쓰고, 아름다운 환상을 채용함으로써, 시가의 경계를 크게 확대시켜, 심원하고도 웅대하며 아름다운 특징을 드러내었다. 이러한 수법은 중국고전시가의 창작을 위하여, 하나의 새로운 길을 열었다. 후대의 李白·李贺 등과 같은 개성과 감정이 강렬한 시인들은 굴원의 작품들로부터 많은 것을 배웠다. 중국고대문학 가운데에서, 文彩를 강조하고 화려하고 아름다움을 추구하는 류파들은 모두 그 연원을 찾아 올라가면 최종적으로 굴원으로 거슬러 올라가게 된다고 말할 수 있을 것이다.

(2) 신시체를 창조하다… 騷体와 새로운 시가양식

초사의 작품에 대해서 이야기하면 초사에는 어떤 의미에서는 이미 성숙한 5언과 7언句가 들어 있을 뿐만 아니라, 더 나아가 2자씩 끊어 읽는 리듬이외에도, 다량으로 3자씩 끊어 있는 리듬을 창조했을 뿐만 아니라 널리 사용하고 있음을 알 수 있다. 3자 리듬의 출현은 4언시가 5언시·7언시로 발전할 수 있는 계기를 만들었다. 따라서, 초사는 최초로 4언 句式의 詩歌작품을 탈피해서, 그의 들쑥날쑥한 각종 句式들 가운데, 5언·7언 시구의 원형을 배태하고 있어 후인들에게 무궁한 가능성을 열어놓았다. 그 외에도 초사는 일종의 새로운 시가양식을 창조하였다. 이러한 시가양식은 句式뿐만 아니라 그 구조에 있어서도, 詩經에 비해서 자유롭고 변화가 다양해서, 더욱 더 효과적으로 예술형상을 만들어낼 수 있을 뿐만 아니라, 복잡하고 격정적인 감정을 효과적으로 발산할 수 있었다. 句式측면에서 보면, 초사는 雜言을 위주로 하고 있어, 전통적인 4언의 句式을 뛰어 넘었다. 언어묘사방면에서 보면, 초사는 수식하고 형용하는 방면에 뛰어나서, 사용하는 언어가 복잡하고, 외재형식의 아름다움을 배우 중시한다. 이러한 특징은 漢代 賦体의 출현에 충분한 조건을 만들어 놓았다. 초사는 또 낭만적 기질이 특출했는데, 감정의 열정적이고 자유분방함·이상에 대한 추구 및 주인공의 형상을 부각시키는 방면·상상의 기묘함과 환상적인 방면 등에 잘 나타나 있어, 환상과 신화 등을 통하여 한폭 한폭의 웅장하고 장엄한 풍경들을 창조했다.

(3)《楚辞》는 낭만주의전통을 창조했다.

굴원의 낭만주의적 창작방법은 후세문학의 창작에 큰 영향을 미쳤다. 특히 중국 당나라 때 위대한 낭만주의시인인 李白은 의식적으로 굴원의 적극적 낭만주의의 창작수법을 학습했다. 李白의 詩篇도 역시 다량의 신화와 전설·역사적 인물·日月風雲 등을 나열하여 시속에 삽입함으로써 한 폭 한 폭의 웅장하고 장엄한 풍경들을 구성했다.

4) 문학성취

(1) 굴원의 생명의식이 후세의 문학창작에 미친 영향

굴원의 작품에 나타난 생명의식은 주로 두 가지 방면으로 나타난다. 한 방면으로는 시간의 덧없음·미인은 늙음을 탓한다는 시간의 긴박함이고 다른 하나는 냉엄한 사망의식이다. 대자연의 사계절의 변화를 통해서, 능히 인류공통의 시간의식과 생명의식을 이끌어 낼 수 있는데, 중국고대의 문인들은 미인들의 늙어감에 대한 한탄에 대하여 감회를 나타내었는데, 어느 한시대도 예외가 없었으며, 시간이 흐를수록 더욱 더 새로워졌다. 그러나 굴원처럼 그렇게 세월의 덧없음에 대해서 긴박함과 심지어는 공포감까지 느낀 사람은 아무도 없었던 것 같다.

(2) 굴원의 문학작품중의 애국정신이 후세에 미친 영향

굴원은 위대한 애국자로 애국시인으로 후세 사람들의 존경을 받았다. 그의 그 깊고도 두터운 애국열정은 정치투쟁 가운데에서도 이상을 견지하고·죽음을 두려워하지 않고 끝까지 변절하지 않음·진리를 추구함과 현실에 대하여 대담하게 비판하는 정신은 후세 작가들의 모범이 되었다. 《离骚》에는 수많은 굴원의 간절한 애국심을 표현한 구절들이 들어 있다.

漢나라 초기에 賈誼가 정치투쟁에서 실패하여, 長沙로 귀양을 가는 중에 湞羅江을 지나다, 자신과 굴원의 처지가 비슷함에 감회가 생겨 《吊屈原赋》라는 한 편의 침통한 문장을 지었다. 한편으로는 굴원을 애도하여 자신의 처지를 나타내고, 다른 한편으로는 굴원의 창작정신을 배워 시비분간을 못하는 혼란한 현실사회에 대하여 대담한 폭로와 편달을 하였다. 위대한 사학가이며 문학가인 사마천은 굴원에 탄복한 나머지 《史記》에 굴원을 위하여 傳(인물전기)을 세워, 정확하게 굴원의 역사상의 지위를 긍정하였다.그는 다음과 같이 말했다.: "나는 《离骚》·《天问》·《招魂》·《哀郢》 등의 작품을 읽고, 그의 뜻을 슬퍼하였다. 長沙를 지나다, 그가 자진한 그 못을 지날 때마다, 눈물을 흘리지 않을 때가 없었는데, 마치 그 사람을 보는 듯하였다." 《史記》는 한 권의 위대한 역사산문저작으로, 작자의 이상이 담겨 있고, 작자의 애증이 분명한 감정과 진리를 추구하는 정신이 흘러넘치고 있는데, 이는 굴원의 위대한 문학정신의 계승이라 하겠다. 兩漢이후에도 굴

원의 정신은 수많은 작가들에 의해서 발전적으로 계승되었다. 唐대의 위대한 시인 李白은 굴원을 흠모하였다. 李白의 세도가들을 멸시하고·현실에 반항하는 정신은 굴원의 창작정신의 계승과 발전이라 하겠다.

그밖에도 중국역대시인들과 작가들은 민족이 수난을 당할 위기에는 비분강개하여 격렬한 애국시편을 써내었다. 또 수많은 작가들은 이상을 견지하며, 투쟁을 견지하여 자신의 애정을 숨김없이 드러내었으며, 심지어는 자신의 생명마저도 희생하여, 중국고대문학사를 빛나게 하였다. 이러한 위대한 정신은 그 근원을 거슬러 올라가게 되면, 모두 굴원에게로 거슬러 올라가게 된다.

사마천은 그의《史記.屈原·賈生列傳》에서 漁夫를 인용하여 굴원의 삶과 문학을 설명하였다. 굴원의 대표작 가운데 하나인 屈原의 漁夫를 인용하여 자신이 말한 굴원의 삶의 일부를 엿보고자 한다.

漁夫

屈原既放, 游於江潭, 行吟泽畔, 颜色憔悴, 形容枯槁。渔父见而问之曰 :“子非三闾大夫与？何故至於斯！”

屈原曰 :“举世皆浊我独清, 众人皆醉我独醒, 是以见放！”

渔父曰 :“圣人不凝滞於物, 而能与世推移。世人皆浊, 何不淈其泥而扬其波？众人皆醉, 何不餔其糟而歠其醨？何故深思高举, 自令放为？”

屈原曰 :“吾闻之, 新沐者必弹冠, 新浴者必振衣 ; 安能以身之察察, 受物之汶汶者乎！宁赴湘流, 葬於江鱼之腹中。安能以皓皓之白, 而蒙世俗之尘埃乎！”

渔父莞尔而笑, 鼓枻而去, 乃歌曰："沧浪之水清兮, 可以濯吾缨。

沧浪之水浊兮, 可以濯吾足。

굴원이 이미 쫓겨나, 강과 호숫가를 배회하다가, 못뚝 위를 거닐면서 노래를 불렀다. 안색은 초췌하고 몸은 몹시 야위었다.

어부가 이를 보고 다음과 같이 물었다.: "그대는 삼려대부가 아니신가? 어떤 까닭으로 여기까지 오시게 되었소?"

굴원은 다음과 같이 대답했다.: "온 세상이 모두 혼탁하니 나홀로 맑고, 온 세상 사람들이 모두 (술에) 취해 있으니 나홀로 깨어 있어, 이 때문에 추방을 당하였소!"

(아 말을 듣고) 어부가 다음과 같이 말했다.: "성인은 사물에 얽매임이 없어 세속과 더불어 함께 옮겨간다 하였소. 온 세상이 모두 혼탁하면, 어찌 그 흙탕물을 휘저어 물보라를 날리지 아니하며, 온 세상 사람들이 모두 취해 있으면, 어찌 술지게미를 배불리 얻어먹고 막걸리를 얻어 마시지 아니하였소? 어이하여 깊이 생각하고 고결한 척 하여 쫓겨남을 당하게 하였소?"

굴원은 다음과 같이 대답하였다.: "나는 들었소! 새로 머리를 감은 사람은 갓을 털어서 쓰고, 새로 목욕을 한 사람은 옷을 털어서 입는다고 하였소. 어찌 이 깨끗한 몸으로 사물의 더러움을 받아들이겠소? 차라리 湘流에 몸을 던져 물고기의 뱃속에 장사지낼지언정, 이 순결한 깨끗한 몸으로, 세속의 흙먼지를 뒤집어쓸 수 있겠소?"

漁夫는 빙그레 웃더니, 뱃전을 두드리며 멀어져 가면서 다음과 같은 노래를 불렀다.: "창랑의 물이 맑으면 내 갓끈을 씻고, 창랑의 물이

흐리면 내 발을 씻으리라!"

마침내 멀리 사라져 가 다시는 함께 이야기를 나눌 수 없었다.

漁夫에는 두 개의 文學原形 즉 母題가 있어 중국문학사 전체에 큰 영향을 미치고 있음을 반드시 주목해야 한다. 하나는 淸濁之辯으로 즉 夢과 覺의 사변이다. 다른 하나는 漁夫의 意象(표상)이다.

토론

1. 굴원이 살던 시대는 장의 소진이 활동하던 시대와 일치한다. 소진의 합종책과 장의의 연횡책이 첨예하게 대립하던 시기이다. 전국7웅 가운데에서 가장 강력하던 나라는 서쪽의 秦나라였고, 그 다음이 동쪽의 齊나라였으며, 그 다음이 남쪽의 楚나라였다. 굴원은 시종일관 합종책을 견지했으며, 특히 齊나라와 楚나라가 동맹을 맺어 秦 나라에 대항하자는 親齊파였다. 당시의 합종과 연횡의 관계를 설명하고, 굴원의 처세술에 관하여 토론해 보자!
2. 중국의 고전시가를 논함에 있어 가장 중요한 논제중의 하나가 "詩經과 楚辭를 비교·설명하시오!"이다. 시경과 초사의 같은 점과 차이점 및 상호영향관계에 대하여 아는 대로 토론해 보자!
3. 굴원은 중국의 시인 가운데 가장 존경과 사랑을 받는 시인들 가운데 한 사람이다. 단오절은 굴원이전부터 있었던 명절이나, 굴원의 사후에 상당히 많은 변화가 발생하였고, 지금은 마치 굴원을 기념하기 위한 명절처럼 생각하는 사람들도 나타나게

되었다. 굴원을 테마로 하여 5박 6일 또는 9박 10일 등의 자신들이 원하는 테마기행 일정표를 만들어 보자!

4. 굴원은 중국최초로 자신의 이름을 내걸고 개인 독창적인 시가를 창작한 시인이다. 이후로는 거의 대부분의 작가들이 자신의 이름으로 시가를 발표하였다. 민간집단창작과 개인독창의 관계에 대하여 토론해 보자!
5. 굴원의 문학을 흔히들 애국문학 또는 향초문학이라고 부른다. 이 애국문학 향초문학의 전통은 이후로 계승되어졌으며, 특히 국가가 위기에 봉착했을 때, 더욱 더 빛을 발하였다. 중국뿐만 아니라 우리나라의 문학에도 선명하게 이러한 전통이 전해지고 있다. 계승과 발전이라는 측면에서 굴원의 초사문학을 토론해 보자!

제6화

一統시대를 연 始皇帝

진시황(前259年－前210年)은 성이 嬴이었고, 赵氏였으며, 이름은 政이었는데, 또 赵正(政)·秦政, 또는 祖龙으로 불리기도 하였다. 秦장양왕의 아들이었다. 中国历史上 유명한 정치가요 전략가이면서 개혁가로 중국의 대통일을 완수한 강력한 지도자로, 중국에서 맨처음으로 황제라는 호칭을 사용한 군주이다.

진시황의 생평:

1. 기원전 259년, 趙 나라의 수도 邯鄲에서 출생.
2. 기원전 247年, 秦나라 장양왕이 죽자, 13살의 나이에 秦王이 되어 왕위를 계승함.
3. 始皇元年(기원전 246), 당시에 吕不韦가 진나라의 재상이 되어 권력을 독단했다. 진왕이 즉위할 당시 나이가 어렸기 때문에 吕不韦를 仲父로 모셨다. 국정을 吕不韦가 농단했다.
4. 기원전 238年, 진시황이 雍城蕲年宫에서 冠礼를 거행했다. 친정을 시작하다.
   • 吕不韦가 그와 진시황의 관계가 다시 회복될 수 없음을 알고 음독 자살했다.
   • 李斯가 《谏逐客书》을 올려 逐客令을 철회하게 만들고, 尉缭·李斯等이 중용되었다.
5. 기원전 230년~기원전 221년, 진시황 차례로 韩·魏·楚·燕·赵·齐 등 여섯 나라를 멸망시키고 역사상 맨 처음으로 중국을 통일하고, 통일된 다민족국가·전제주의 중앙집권적 권력국가인 秦왕조를 건립했다. 始皇 말년에는 통일초의 36郡에서 40 여개의 郡으로 늘어났다.
6. 기원전 220년~기원전 210년, 진시황은 여섯 나라를 통일한 이후 호화로운 阿房宫과 驪山墓를 건축하고, 전후 다섯 차례의 대규모의 순시를 했다. 명산승지에 비석을 세워 자신의 공적을 알려, 권위를 진작시켰다. 또 장생불로약을 구하기 위해 방사(도교의 연단사) 서복 등으로 하여금 童男童女 수천 명을 를 거느리

고 동해를 건너 신선을 구해오도록 하는 등, 막대한 재력과 인력을 낭비하여, 백성들의 고난을 더욱 더 심화시켰다.

7. 기원전 210년, 始皇 37년, 진시황 순수를 마치고 돌아오는 길에 平原에서 병을 얻었다. 장자 扶蘇에게 "咸陽에서 장례를 치르고 왕위를 계승하라."는 遺詔를 작성하였다. 沙丘(今河北广宗西北)에 도착하였을 때, 진시황은 그만 병사하고 말았다. 趙高가 막내아들 胡亥와 丞相李斯와 결탁하여 음모를 꾸며 遺詔를 위조하여 胡亥를 태자로 옹립하고, 扶蘇 에게 자결을 명하였다. 秦二世胡亥가 등극한지 얼마 되지 않아, 陳勝·吳廣 의 농민봉기가 폭발하고, 진시황이 세상을 떠난 지 4년 만에 秦 나라는 멸망하고 말았다.[6]

1) 진시황의 출생과 秦王으로 등극하기까지의 과정.

出生…秦始皇帝는 秦나라 庄襄王의 아들이다. 장양왕은 秦나라 昭王의 손자의 신분으로 趙나라에 인질로 잡혀가 있었다. 거기에서 呂不韋의 첩을 보고 대단히 좋아하게 되어 그녀를 아내로 맞이하여 始皇을 낳았다. 진시황은 秦나라 昭王48년(前259) 邯鄲에서 태어났다. 출생후 이름을 政으로 바꾸었으며, 성은 趙씨였다.

登極…呂不韦가 趙在나라의 수도 邯鄲에서 趙 나라에 인질로 와 있던 秦 나라 공자 異人(후에 子楚로 이름을 바꿈)이 참으로 귀한 인물이라는 것을 직감하고 거금을 투자하여 그를 도왔을 뿐만 아니라, 秦

---

6) 진시황_百度百科 www.bai여.com 에서 인용번역함.

나라 태자 安國君과 그의 애첩 華陽夫人에게 유세를 벌여 子楚를 적통계승자로 세웠다. 그 후, 呂不韋와 子楚 가 秦 나라로 도망하였다. 그 다음해에 安國公이 왕위를 계승하여 孝文王이 되자, 子楚는 태자가 되었다. 다음해에 子楚가 즉위하여 莊襄王이 되자, 呂不韋를 승상에 임명하여, 文信侯에 봉하고 河南 洛陽의 10만호를 식읍으로 주었다. 莊襄王이 세상을 떠나자, 나이어린 태자 政이 왕위에 등극하여, 呂不韋를 상국으로 높이고, 그를 仲父라고 불렀다.

진시황의 이러한 출생의 비밀은 그의 생애에 커다란 유전인자가 되었을 것이라 생각된다. 어머니의 강인하고 능히 역경을 이겨내고 생존하는 잡초 같은 생명력과 여불위가 되었던 壯襄王이 되었던 온갖 역경 속에서도 살아남아 최고의 자리까지 올라간 그 목표지향적인 성격이 유전자가 되어 만고의 영웅 진시황을 탄생시켰다고 생각한다.

2) 천하의 인재를 두루 얻어 천하통일의 대업을 이룩할 수 있는 기초를 마련하다.

진시황이 여불위를 축출하고 사약을 내린 후, 韓나의 토목공사전문가인 鄭國이라는 자가 진나라에 들어와 수로공사를 제안해 추진했다. 결국 이 공사는 구실이고 진나라가 토목공사에 인력과 재력을 집중함으로써 韓나라를 침범하는 것을 멈추도록 하자는 계략이었음이 발각되었다. 이를 기회로 진나라에서는 逐客(외국에서 내어나 진나라에 들어와 높은 벼슬을 지내는 사람)에 대한 논의가 일어나게 되고, 결국에는 逐客令이 내려졌다. 당시 초나라에서 태어나 진나라에서 廷尉의 벼슬을 지내던 李斯도 객경이었으므로 쫓겨 달아나다 이 諫逐客書를 올렸다. 이 글을 읽은 진시황은 크게 느낀바가 있어 축객령을 취소하고 이사와 객경들을 다시 불러들였다. 이글의 내용은 다음과 같다.: 진나라 효공은 상앙을 초빙해 변법을 시행할 수 있었습니다. 또한 혜왕은 장의의 합종 계책으로 천하제일의 땅을 차지했고, 소왕이 외척 세력을 제거할 수 있었던 것도 타지에서 온 범저의 공입니다. 목공은 유의 유여, 완의 백리해, 송의 건숙, 진의 비표와 공손지를 맞아 패자가 되었습니다. 만약 이 사람들을 다른 나라 사람이라 하여 배척했다면 지금의 진나라는 없을 것입니다.

진나라는 강성하여 천하의 모든 진귀한 보물들을 모두 국위선양과 국력신장을 자랑하고 있는 사실·임금이 사용하는 일체의 일용품과 사치품·심지어는 임금이 총애하여 옆에 두는 후궁들까지도 모두 진나라에서 생산된 것이 아니고 외국에서 수입한 것이라는 것을 예를 들어 준엄하게 임금의 잘못된 선택을 충고하고, 마지막으로는 "泰山不讓土壤故能成其大, 河海不擇細流故能就其深(태산은 한줌의 흙도 양보하지 않음으로서 그 큼을 이룰 수 있었고, 河海는 한 줄기의 물도 선택하지 아니하고 다 받아들임으로 그 깊이를 이룰 수 있었다.)"는 자연의 섭리로서 진시황의 잘못된 선택을 충간하였다. 이 사건이 있은 후 진나라는 천하의 인재를 중용함으로써 통일의 발판을 마련할 수 있었다.

다른 한편으로는 진시황은 한비의 帝王學을 몸소 실천함으로써 제왕으로서의 뛰어난 식견을 가지고 나라를 경영할 수 있게 되었다. 韓非(또는 韓非子)는 李斯와 荀子의 문하에서 동문수학한 찬구사이였다. 진시황이 그가 지은 한비자라는 책을 읽고 감동하여 그를 보기를 간절히 원하여, 한비를 만나게 되었으나, 그의 동문수학한 친구인 이사의 계략으로 죽임을 당하고 말았다. 진시황은 그를 어쩔 수 없이 죽이

긴 하였으나, 그를 아끼고 사랑하는 마음을 간직하고 그의 제왕학을 신봉하여 평생토록 실천했다. 한비자는 현명한 군주는 법을 시행할 때 공평하게 원칙을 지키고(法), 인물을 선발하는데 통달하여군주를 비방하거나 곤경에 빠뜨리는 인물이 없었으며(術), 권세를 이용해 법을 엄하게 시행해도군주의 뜻을 거스러는 백성이 없었다.(勢) 한비의 법률사상체계는 "군을 위주로 하여, 法·術·勢가 상호 보완하는 체계로 중앙집권제 국가체제였다.

진시황은 천하의 인재의 등용과 부국강병을 지향하는 법가사상을 바탕으로 강력한 통일정책을 시행해 나갔다

3) 전국7웅을 하나하나 굴복시키고 천하통일을 이룩하다.

합종연횡이 횡행하는 가운데, 진시황은 白起·王剪·廉頗·李牧등 명장과 승상 왕관, 어사대부 풍겁·정위 이사 등 수많은 명신들의 보좌를 받아 천하 통일의 전쟁을 수행해 나갔다.

전국 통일 과정은 이미 시황제가 즉위하기 이전인 壯襄王때(진시황의 아버지) 부터 시작되었다. 아버지 장양왕이 기원전 250년 주나라 정벌, 즉 진주전쟁에서 승리하여 정복 병합하면서 시작되었다. 기원전 230년부터 시황제는 모든 군사를 동원하여 중국 통일을 위한 통일 작업을 본격적으로 시작하였다. 제일 먼저, 진나라는 가장 세가 약했던 소한부터 멸망시켰다.

기원전 228년에는 趙나라까지 멸망시켰다. 그 때, 연나라의 태자 희단이 자객 형가를 시켜 잔치 자리에서 영정을 죽이려 했으나 실패하

였다. 이어, 기원전 225년에는 魏나라, 기원전 223년에는 진나라 다음으로 세가 가장 세었던 楚나라, 기원전 222년에는 燕나라, 그리고 기원전 221년에 드디어 마지막 남은 제나라까지 멸망시켜 시황제의 나이 40세에 전 중국 땅을 마침내 통일하였다.

4) 천하를 통일하고 시황제가 되다

기원전 230년~기원전 221년, 진시황 차례로 韩·魏·赵·楚·燕·齐 등 여섯 나라를 멸망시키고 역사상 맨 처음으로 중국을 통일하고, 통일된 다민족국가·전제주의 중앙집권적 권력국가인 진왕조를 건립했다. 그래서 천하를 36군으로 나누었다. 매 郡마다 守·尉·监을 설치하고, 백성들을 "黔首"라고 불렀다. 전국에 명령을 내려 함께 모여 술을 마시고 경축하게 하였다. 천하의 병기들을 거두어 들여 함양에 가져오게 하여, 녹여서 大鐘과 12개의 銅人을 만들었는데, 하나가 12만근이나 되었으며, 이들을 궁궐의 뜰에 배치했다. ①법령과 ②度量衡의 표준을 통일하였다. ③차량 두 바퀴 간의 간격을 통일하였다. ④글자를 쓸 때 통일된 隸書를 사용하도록 하였다. 영토가 동쪽으로는 바다와 조선까지 닿았다. 서쪽으로는 臨洮·羌中에 이르렀으며, 남쪽으로는 北向戶에 이르렀으며, 북쪽으로는 황하를 요새로 삼아, 陰山에서부터 遼東郡까지 연결되었다. 천하의 부호 12만호를 함양으로 이주시켰다.

진시황은 6국을 통일한 후에도 계속해서 천하를 순시하고, 영토확장 정책을 계속하여 남쪽으로는 오늘날의 복건·양광·운남 등 까지 영토를 확장하여 거의 오늘날의 국경개념과 맞먹는 지역으로 영토를 확장하였고, 북으로는 몽염장군과 태자부소를 파견하여 만리장성을 축조하는 등 엄청난 토목공사를 진행하였으며, 문화적으로도 흉노를 비롯한 소수민족들을 합병하여, 오늘날의 다민족국가의 개념인 민족개념을 확립하였다.

이후 진시황은 호칭을 황제라 칭하고 강력한 통일정책을 시행했다. 황제께서 帝의 호칭에 관해서 상의하기를 요청했다. 丞相王绾(wǎn, 碗)·御史大夫冯劫·廷尉李斯等이 다음과 같이 말했다.: "예전, 五帝의 토지는 사방 각 천리에 지나지 않았습니다. 밖으로는 제후를 임명하여 복종하게 하는 지역과 오랑캐의 지역으로 나누었습니다. 제후들 가운데도 조공을 바치는 나라도 있고, 조공을 바치지 않는 나라도 있었습니다. 천자도 그들을 통제할 수가 없었습니다. 지금 당신은 정의의 군사를 일으켜, 사방의 잔적들을 토벌하고, 천하를 평정하였으며 전국에 郡縣을 설치하고, 법령을 통일하였으니, 이는 전례가 없는 일이며, 五帝도 비할 수가 없습니다."우리들은 아주 공손하게 삼가는 마음으로 박사들과 의논하여 다음과 같이 말했습니다.: "'고대에 天皇, 地皇, 泰王이 있었는데, 그 중에 泰皇이 가장 존귀했습니다. 우리들은 감히 죽을 죄를 무릅쓰고 감히 존호를 헌상하오니, 왕께서는 泰皇이라 부르시옵소서!', 教令을 발하는 것을 '制書'라 부르고, 명령을 내리는 것을 '詔書'라고 부르며. 천자께서는 스스로를 '朕'이라고 칭하소서." 秦王이 다음과 같이 말했다.: "'泰'자는 없애고, '皇'자만 남겨 두며, 상고시대부터 자리를 뜻하는 '帝'자를 채용해서, '황제'라고 칭하도록 하라. 다른 것은 너희들이 의논한대로 그대로 해도 좋다." 그래서 명령을 내려 허락했다. 또 명령을 내려 다음과 같이 말했다.: "나는 들었다. 상고시대에는 號만 있고, 謚號는 없었으나, 중고시대부터, 號"도 있고, 죽고 난 후 생전의 품행과 업적에 따라 謚號를 내렸다. 이렇게 하면, 곧 아들이 아버지를 평가하는 것이 되고, 신하가 군주를 평가하는 것이 되므로, 하등의 의의가 없으니, 나는 이렇게 하지 않겠다. 지금부터는 謚號를 폐지하겠다. 나는 始皇帝라 부르고, 후대는 지금부터 시작해서, 二世·三世로시작하여 萬世라고 부르게 되면, 영원히 계속되어지게 되어, 다함이 없을 것이다.

5) 분서갱유의 단행과 사상의 통일

그는 또 이사의 건의를 받아들여 焚書坑儒를 단행하였다.: " 臣(李斯)은 이러한 것(諸子百家의 자유분방한 사상)들을 금지하는 것이 옳다고 생각합니다. 저는 史官들을 시켜 진나라의 博士官署에 소장하고 있는 典籍(법전과 도서)이 아닌 것들은 모두 소각하기를 원합니다. 온 천하에 소장하고 있는《诗》·《书》·诸子百家著作 등을 지방관서로 보내어 한꺼번에 소각해야합니다. 함께 모여《诗》·《书》를 담론하는 사람들은 사형에 처하여 조리돌리기를 하고, 옛것을 빌려 오늘날이 틀렸다고 하는 사람들도 재산을 몰수하고 가문을 참수하여야 합니다. 관리들 가운데 이를 알고도 신고하지 않은 사람은 같은 죄로 처벌해야 합니다. 명령이 하달되고 나서 30일이 지나도 책을 불사르지 않은 사람은 얼굴에 글자를 새기는 墨刑에 처하고, 4년의 노동교화형에 처하여, 변방으로 유배하여, 낮에는 오랑캐를 방어하게 하고, 밤에는 城을 쌓는 일에 동원해야 합니다. 여기에 해당하지 않는 것은 医药·占卜·种植之类的书(농서)입니다. 만약 법령을 배우고자 하는 사람이 있다면, 관리를 스승으로 모셔야 합니다." 진시황이 "그렇게 하라."고 조서를 내렸다.

이렇게 하여 분서갱유는 단행되어지고 460 여명이나 되는 많은 방사와 유생 등이 매몰되는 참극이 벌어졌다. 이 사상통제는 통일을 완성한 후 과도한 자신감의 표현이며, 또한 폭정을 알리는 신호탄 역할을 하였다. 과도한 사상통제는 역작용을 불러와 오히려 민심이 이반되는 결과를 초래하였다.

6) 통일 후의 행적과 국운의 衰退.

진시황은 여섯 나라를 통일한 후, 자신의 존재감을 과시하고 진의 국력을 만천하에 드러내기 위하여 화려한 阿房宮과 骊山墓를 신축하고, 차례로 다섯 차례의 대규모 순수를 실시하고, 명산의 명승지에 돌에 자신의 공적을 새기고, 명성을 드러내고자 하였다. 그 결과 엄청난 재력의 소모와 인력을 동원하는 토목공사는 전쟁에 지친 백성들을 더욱 지치고 병들게 하였으며, 엄청난 희생을 강요하였다.

자신이 이룩한 통일제국을 영원히 보존하기 위한 방책으로 불로장생사상을 믿어 극기야는 신선사상에 심취하여 자신의 영생을 위하여, 장생불로약을 구하기 위하여 방사 徐福을 童男童女 수천 명을 데리고 동해로 가 신선을 만나게 파견하는 등 수많은 재력과 인력을 낭비하고 백성들의 고난을 더욱 더 가중시켰다. 이러한 혼란을 틈타 방사들은 더욱 더 민심을 흉흉하게 하였으며, 민심이 이반되고, 황제 자신도 연단술을 믿어 마침내는 수은을 과다 복용하여 자신의 생명마저도 단축하는 최악의 결과를 초래하고 말았다. 37년, 진시황은 돌아오는 길에 平原에서 병을 얻고 말았다.

7) 권력승계의 실패와 진나라의 멸망.

沙丘 (今河北广宗西北)에 이르러 진시황은 병사하였다 진시황은 일생동안 37명의 아들을 두었는데, 가장 어린 아들이 秦2세인 胡亥였다. 趙高가 호해와 이사 등과 결탁하여, 遺詔를 위조하여 호해를 태자로 옹립하고, 扶蘇에게는 자결하게 하였다. 秦2世 호해가 왕위에 오른 지 얼마 지나지 않아, 陳勝·吳廣이 이끄는 농민봉기가 일어나고, 뒤따라 항우·유방 등과 같은 지방세력들도 잇따라 봉기를 일으키기 시작하였다. 趙高는 권력을 독점하기 위하여 李斯를 모함하여 삼족을 멸하고 거리에서 요참하는 악행을 저질렀으며, 이사가 죽은 후 권력을 독점하고 秦二世를 축출하여 죽인 후, 扶蘇의 아들인 子嬰을 다시 왕으로 옹립했으나, 자영이 다시 趙高를 죽이는 등 골육상잔의 비극이 계속되어지고, 유방이 함양으로 쳐들어와 자영을 감금하고, 이를 항우에게 이양하여, 항우가 子嬰을 죽이니, 진시황이 죽은 후 4년 만에, 秦나라는 망하고 말았다. 이로서 진시황이 기원전 221년 천하를 통일한 후, 16년 만에 망하고 말았다.

토론

1. 중국은 夏·殷·周 등 삼대이래로 봉건제도를 시행해 왔다. 진시황은 중국을 통일한 후 중앙집권제를 실시하여 전국을 36개의 군(나중에 40개 군으로 늘어남)으로 나누고 군현제를 실시하였다. 그

후 중국은 1911년 신해혁명이 일어나 봉건제도가 종식될 때까지 진시황이 확립한 이 황제제도가 실시되었다. 진시황전후의 봉건제의 차이점(책봉제와 중앙집권제)에 대해서 토론해 보자.

2. 진시황의 중심어는 통일이다.

가) 영토의 통일

나) 법령의 통일

다) 度量衡의 통일

라) 수레바퀴의 통일

마) 글자의 통일

이들 각각의 통일의 의미와 후대에 미친 영향을 토론해 보자.

3. 진나라의 멸망을 가져왔던 대량의 토목공사 즉 아방궁·병마용·만리장성 등 독재정치와 폭압정치의 산물로 인식되어져 왔으나, 이들은 모두 중국을 상징하는 대표적인 아이콘으로 되살아났으며, 심지어는 진시황마저도 중국의 통일을 이룬 위대한 군주로 재평가되고 있다 이에 대해서 자신의 견해를 밝히시오!

4. 권력에서 가장 중요한 것은 권력의 이양이다! 진나라의 멸망은 진시황이 통일대제국을 건설한 후 폭압정치를 실시한 책임도 있으나, 후사문제를 확정하지 않은 상태로 외지에서 급사함으로써, 권력의 이양이 제대로 이루어지지 못한 것이 가장 큰 원인이라고 할 수 있다. 創業과 守城의 관계를 각자의 관점에서 설명하고 토론해 보자!

5. 중국에서는 가장 이상적인 권력이양의 방법으로 禪讓을 들고 있다. 그리고 현실생활에서 세습을 채택하고 있으며, 현재 민주국가에서는 선거로 선출하는 방법을 시행하고 있다. 이들의 장

단점에 대해서 토론해 보자!

6. 진시황과 같은 법치주의를 신봉하고 부국강병을 추구한 불세출의 황제도 자신의 죽음 앞에서는 온갖 미신과 신선설을 믿어 믿을 수 없을 만큼 어리석은 추태를 부렸다. 자연과학이 발달한 오늘날도 온갖 건강보조식품과 민간요법 및 유사종교 등이 유행하고 있다. 이런 현상의 근원과 근절 방법에 대해서 토론해 보자!
7. 중국의 역대제왕들 가운데 진시황과 서로 비교되는 인물로 자주 毛澤東주석을 들고 있다. 진시황은 통일제국을 완성했고, 毛澤東주석은 외세에서 독립된 신중국을 건설하였다. 이 위대한 업적을 이룩한 두 제왕적 인물이 창업을 달성한 이후 곧바로 실정을 해 나라를 멸망의 위기로 내몰아 수성에는 실패한 전형적인 인물이 되었다. 이 두 사람의 공통점과 차이점에 대해서 토론해 보자!

제7화

歷史의 아버지 __ 司馬遷

司馬遷(前145年-미상)은, 字가 子長이고, 夏陽(현 陝西省 韓城 남쪽)사람이다. 西漢시대의 歷史學者이며 散文家이다. 司馬談의 아들로, 太史令을 지냈다. 李陵이 (匈奴에) 패해 항복한 일을 변호하다 宮刑(남자의 생식기를 제거하는 극형)을 당한 후, 다시 中書令에 임명되었다. 發憤하여 역사서를 완성함으로써, 후세 사람들이 그를 존경하여, 史遷·太史公·歷史之父 등로 부른다.

사마천은 젊었을 때 孔安國·董仲舒 등으로부터 배웠고, 각지를 여행하면서 풍속을 이해하고, 여러 가지 소문들을 채집했다. 처음에 郞

中에 임명되어 西南地域에서 근무를 시작하였다. 元封 3년(기원전 108)에 太史令에 임명되었으며, 아버지를 이어 역사를 저술하기 시작하였다. 그는 "究天人之际, 通古今之变, 成一家之言"는 역사관으로 중국 최초의 紀傳體通史인 《史记》(原名《太史公书》)를 완성했다. 모든 사람들이 다 이 책을 중국역사책의 모범으로 공인하고 있는데, 이 책은 중국의 상고시대 전설인 黃帝시대부터 시작하여 漢武帝 元狩원년까지 약 3천여 년의 역사를 기록하고 있다. 25史 가운데 맨 처음이며, 魯迅은 "史家之绝唱, 无韵之离骚(역사서 가운데 가장 뛰어난 역사서이며, 무운의 離騷이다.)"고 극찬을 하였다.

사마천의 생애(年表)[7]

기원전 156년(景帝元年): 漢武帝 劉轍 태어남.

1세 기원전 145년 西漢 景帝 중원오년

사마천 좌풍익 허양현의 농촌 마을에서 태어나다.

4세 기원전 142년

이 무렵 아버지를 따라 司馬書院에서 글자를 배우기 시작했다.

7세 기원전 139년 武帝 건원 2년

이 무렵 고문을 배우기 시작하다. 아버지 司馬談 논문《論六家要旨》발표.

8세 기원전 138년 武帝 건원 3년

아버지 사마담 태사령으로 승진하여 武陵에서 장안으로 와서

---

7) 司马迁_百度百科, www.bai여.com에서 인용번역한 것임.

정부기록과 天文.曆法을 주관함.

10세 기원전 136년 건원 6년(무제 21세)

• 사마천 고향에서 농사를 짓고 목축을 했다.

• 무제가 詩·尙書·禮·樂·春秋 등의 오경박사를 설치했다.

13세 기원전 133년 원광2년 (무제 24세)

• 아버지 사마담 옛날 제후들의 기록을 수집하고 잠시 고향으로 돌아옴.

• 이 때 사마천은 아버지를 따라 황하와 위수 일대를 다니며 자료를 수집했다.(사마천의 현장답사의 역사가 시작됨.)

19세 기원전 127년 원삭 2년 (무제 30세)

• 이 무렵 사마천은 중앙정부의 조치에 따라 수도 장안의 외곽 무릉으로 거처를 옮겼다.

20세 기원전 126년 원삭 3년(무제 31년)

• 사마천은 학업을 일시 중단하고, 아버지의 권유에 따라 천하를 답사하기 시작했다.

• 사마천의 실제 답사는 햇수로 약 2년에 걸친 대장정으로 훗날 《史記》에 절대적인 영향을 미쳤다. 사마천의 1차 답사경로는 다음과 같다.

• 장안…무관(섬서성 상현 동쪽)…남양(하남성 남양현)…남군(호북성 강릉현)…장사 나현(멱라수를 찾아 굴원의 자취를 탐문함.)…상강 구의산(호남성 영원형 경계로 순임금이 순시하다 묻힌 곳이라 함.)…상강에서 남쪽으로 내려와 원강을 따라 내려감.…대강…남쪽 여산에 오름.…강을 따라 남하하여 회계산(절강성 소흥 동남여기서 전설상의 우임금의 혈을 찾음.)…회계군 오현…고소산에 올라 오호를 내려

다 보고 초나라 귀족 춘신군의 옛성을 답사.…북상하여 회음(강소성 회음현 동남)…에서 명장 한신의 고향을 답사하고 한신의 어머니묘도 답사.…회수를 건너 사수를 따라 북상…노나라 도성(산동성 곡부현)에 도착하여 공자묘 등 공자와 관련된 유적을 답사…제나라 도성(산동성 치박시 임치구)답사…남향하여 진시황이 순수하면서 오른 역산에 오름…남향하여 맹상군의 봉지인 설성(산동성 등현 동남)답사…다시 남하하여 초패왕 항우의 도성이었던 팽성(강소성 서주시)에서 치열했던 초한투쟁 현장을 답사.…서한을 세운 고조 유방의 고향인 패군 패현(강소성 패현 동쪽)답사…서쪽으로 유방과 같은 고향에 같은 날 태어난 노관의 고향 풍현 답사…저양(하남성 상국현 남쪽)을 거쳐 위나라 도성이었던 대량(하남성 개봉)답사…귀경

22세 기원전 124년 원삭 5년(무제 33세)

• 사마천, 이 무렵부터 董仲舒에게서 《春秋》를 배우고, 孔安國으로부터 《尙書》를 배움으로서 본격적으로 학문연구를 시작했다. 이때의 교육은 훗날 그가 《史記》를 저작하는데 큰 기초가 됨.

24세 기원전 122년 원수원년(무제 35세)

• 사마천, 아버지와 함께 무제를 수행하여 옹으로 가 오치에서 제사를 지냈던 것 같다.

28세 기원전 118년 원수 5년(무제 39세)

• 사마천이 학문과 실제 경험을 겸비한 남다른 재능을 인정받아 이 무렵 녹봉 300석의 郎中이 되어, 처음으로 벼슬살이를 시작했을 것으로 추정된다.

33세 기원전 113년 원정 4년(무제 44세)

• 사마천은 아버지와 함께 본격적인 지방순시에 나선 무제를 수행하여 각지의 민심과 풍속을 살피는 기회를 얻었다.

• 무제의 1차 군현순시 경로는 다음과 같다.

장안…옹(섬서서 봉상현)…하양…하동군(산서성 하현북쪽)…분음(산서성 향하현 북쪽)…황하…형양(하남성형양현 서남)…귀경

34세 기원전 112년 원정 5년(무제 45세)

• 사마천, 무제를 수행하여 공동산(감숙성 평량현 서쪽) 등 서쪽 지방에 대한 정보를 얻었다.

• 무제의 순시경로는 다음과 같다.

장안…옹…롱판(섬서성 롱현과 감숙성 청수현 경계에 있는 산)공동산…소관(감숙성 고원현 동남)…신진중(내몽고자치구 오르도스)에서 대규모 사냥…감천(섬서성 순화면 감천산)…귀경

35세 기원전 111년 원정6년(무제 46세 / 즉위 30년)

• 사마천, 무제의 명을 받아 파촉이남, 즉 서남지방의 문물을 관찰할 기회를 가졌고, 이 때의 경험은 훗날 《西南夷列傳》을 저술하는데 결정적인 역할을 했다.

• 여행경로는 다음과 같다.

장안…한중…파군…건위군…장가군--촉군…연관도…손수…월수군…심려군…귀경

36세 기원전 110년 원봉원년(무제 47세)

• 서남이에서 임무를 마치고 귀경하던 중 삭방을 순시중이던 무제와 합류하여 복명한 다음, 교산 황제릉에 함께 제사지내고 돌아오는 길에 아버지 사마담이 위독하다는 전갈을 받았다. 사마천은 낙양으로 가서 아버지의 임종을 지켰고, 사마담은 자신

의 뒤를 이어 반드시 태사령이 되어 달라는 유언을 남기고 세상을 떠났다.

• 순시의 경로는 다음과 같다.

낙양…산동…봉래산…태산(봉선제)…(해로로 북상)…갈석산(하북성 창려현 경계)…요서현(하북성 노릉현 동쪽)순시…구원군(내몽고 오원현)…감천

38세 기원전 108년 원봉3년 (무제 49세)

• 사마천, 아버지 사마담의 뒤를 이어 태사령이 되었다.이로서 필생의 저작 《史記》를 편찬하게 되는 기점과 중요한 조건이 마련되었다.

42세 기원전 104년 태초원년(무제 53년)

• 사마천의 주도하에 공손경·호수와 함께 종래 사용하던 달력인 顓頊曆을 개정하여 夏曆을 기초로한 太初曆을 완성했다. 이와 아울러 각종 제도개혁도 이루어졌다.

• 사마천은 역법개정을 계기로 본격적인 사기 저술에 착수하여, 기원전 98년 '이릉의 화'로 감옥에 갇힐 때까지 7년간 계속되었다.

49세 기원전 97년 천한 4년(무제 60세)

• 사마천은 치욕을 감수하고, 궁형을 자청하여 죽음을 면한다.

55세 기원전 91년 정화 2년(무제 66세 / 재위 50년)

• 報任安書라는 편지로 미루어보아 이 무렵 사기를 완성한 것으로 보인다. 태초원년 42세부터 본격적으로 저술하기 시작하여 14년에 걸쳐 완성하였다. 저술은 대체로 두 단계를 거쳤는데, 태초원년 42세부터 궁형을 받은 49세까지 약 7년, 궁형을 받고 풀려난 뒤로부터 친구 임안에게 편지를 쓴 정화2년 그의

나이 55세까지 약 7년이다.

56세 기원전 90년 정화 3년(무제 67세)

• 사마천, 임안에게 보낸 편지에서 무제의 심기를 건드려 하옥되었다가 처형당한 것으로 추측된다.

기원전 87년 무제 후원 2년(70세 / 재위 54년)

• 한무제 유철이 70세로 세상을 떠났다. 사마천이 살아 있었다면 59세였을 것이다.

1) 史记의 체제

本紀는 紀年이며, 世家는 세대를 전하는 것이며, 表는 달력을 바르게 하는 것이고, 書는 일(제도)를 분류한 것이며, 列傳은 사람을 드러나게 한 것이다.

本紀: 사마천은 역대 제왕을 역사사건의 중심인물로 삼아 거기에 논술을 덧붙이고 그들의 전후. 계승관계로 역사의 발전을 드러내어 전체 역사를 종합했다.(복잡한 역사적 사실 중에서 진보에 영향을 준 관건이 되는 몇 단계를 탁월한 식견과 용기로 부각시키고 있는 점이 눈길을 끈다.)

* 모두가 과거로부터의 체제이면서 과거와는 전혀 다른 모습으로 나타난다. 그 하나 하나가 모두 각자 또는 서로 결합되어 놀랍고 참신한 매력을 발산한다.

• 흩어져 있는 천하의 옛일들을 수집하고 망라하여 제왕 행적들의

시말과 성쇠를 탐구·관찰한 다음, 사실에 근거하여 위로는 삼대의 역사를 간략히 추구하고, 아래로는 현재에 이르기까지 12본기를 서술한다. 거시적이고 진보적이며, 합리적이고 파격적인 역사관을 동시에 보여주는 체제가 12본기다. 단순히 제왕을 역사적 사건의 중심으로 삼아 논술하는 것이 아니라, 전후 계승관계를 통해 역사의 발전을 드러내고 이것으로 역사를 거시적으로 바라보는 탁월한 안목을 보여주는 체제다.

表: 드러낸다.

사적에는 시대가 같은 것도 있고, 다른 것도 있어 연대의 차이가 분명치 않으므로 10표를 만들었다. 시간을 축으로 삼고 표 형식으로 세계·인물·역사사실의 맥락을 밝혀, 본기와 더불어 역사를 시·공간적으로 파악할 수 있게 배려한 것이 10表다.

書: 8권(23⋯30)

“시대에 따른 禮樂의 증감, 律曆의 바뀜, 병권, 산천, 귀신, 하늘과 인간의 관계 등에 그 득실과 폐단을 살피고 변화를 꿰고자 한다.” 8書는 결손된 부분이 있긴 하지만 역대로 국가의 시스템을 개괄한 것으로 사기의 독창성을 돋보이게 하는 체제의 하나다. 인물중심의 기전체 역사에 부족하거나 없는 사회·문물제도에 대해 기술하고 있는 사기의 총론격에 해당한다고 할 수 있다.

世家:

“스물여듧 별자리가 북극성을 중심으로 돌고, 30개의 수레바퀴살이 모두 하나의 속바퀴에 집중되어 그 운행이 무궁한 것처럼, 보필하는 신하들을 여기에 비기어 그들이 충신의 道로서 천자를 받드는 모습을 내용으로 30세가를 지었다." 세가란 작위와 녹봉을 받으며 그 지위를 대대로 물려주고 받는 지반으로 西周이래 分封받은 제후국과 西漢이래 역대황제들이 봉한 유씨 종실 및 개국에 협조한 창업공신들을 포함한다. 이들은 당대를 주도한 역사의 주역들로 사마천은 이들의 행적과 부침을 입체적으로 소개한다. 《外戚世家》처럼 "황후본기" "황후열전"의 성격을 띤 특수한 것도 있고. 《孔子世家》《陳涉世家》와 같이 파격적인 인식을 보여주는 편들도 있다.

列傳:

"정의롭게 행동하고 기개 넘치게 남에게 억눌리지 않으며, 세상살이에서 기회를 놓치지 않고, 공명을 천하에 떨친 사람들의 일들을 내용으로 삼아 70편을 지었다." 열전은 사마천의 가치관과 인생관을 가장 잘 드러내고 있는 사기의 가장 중요한 핵심체제이자 백미라 할 수 있다. 부패한 기득권층에 대한 신랄한 비판과 풍자, 하층민에 대한 애정 등 진보적이고 민주적인 감성을 "專傳" "合傳" "類傳" "附傳" "少數民族傳" 등과 같이 다양한 형식을 통해 폭넓고 다양한 정보를 제공하고 있다.

2) 發憤著書;

사마천이 처음 감옥에 갇혔을 때 "집이 가난하여 재물로 스스로를 속죄할 수도 없었고, 친구들도 구해주지 않았으며, 좌우에 친근한 사람들도 말 한 마디 해주지 않았다." 또한 "이릉은 이미 살아 항복하여 가문의 명예를 무너뜨리고 사마천 자신은 잠실(蠶室)에 들어가 궁형을 받아 다시 천하의 웃음거리가 되자" 극도의 정신적 타격을 받는다. 평소에 공자(孔子)와 같은 '청운지사(靑雲之士)'가 되고자 했던 사마천이기에 치욕적인 형벌을 받고는 죽음을 생각하게 된다. 그러나 죽음을 결심하기 앞서 냉정하게 주위 상황 및 자신의 처지를 생각해 보고는 "가령 자신이 법에 매여 죽음을 당한다면 마치 아홉 마리의 소에서 털 한 오라기를 잃는 것(九牛一毛)과 같아 개미와 다를 것이 없다"는 것을 알았고, 또 "세상에서는 자기를, 절개를 위하여 죽은 사람과 비교하지 않고, 다만 지혜가 다하고 죄가 커서 스스로 빠져 나오지 못하고 마침내 죽었다"라고 평할 것이라는 것도 알았다. 여기에 생각이 미친 사마천은 "사람은 다 한 번씩 죽지만 어떤 사람의 죽음은 태산(泰山)보다 무겁고 어떤 사람은 기러기 깃(鴻毛)보다 가볍기도 하니, 이것은 죽음으로 나아가는 방법이 다르기 때문이다"라는 사실을 인식하게 된다. ("人固有一死, 或重于泰山, 或轻于鸿毛。用之所趣異也")

이와 같이 자신의 객관적 상황을 냉철히 분석한 사마천은 자신이 집필해 온 역사기록에서 저명인물의 경우를 살펴보게 되는데, 그 결과 역대 성현(聖賢)들도 대개는 역경에 처했지만 이에 굴하지 않고 그 고난을 이겨냈다는 교훈을 발견하게 된다.

옛날 서백(西伯) 문왕(文王)은 유리(囿里)에 갇혀 《주역(周易)》을 연역(演繹)했고, 공자는 진(陳)과 채(蔡) 사이에서 위험을 당하여 《춘추(春秋)》를 지었으며, 굴원(屈原)은 추방되어 《이소(離騷)》를 지었고, 좌구명(左丘明)은 실명하여 《국어(國語)》가 있었으며, 손자(孫子)는 다리를 잘리고 병법을 논했으며, 여불위(呂不韋)는 촉(蜀) 땅으로 옮겨져 세상에

《여람(呂覽)》을 전했으며, 한비(韓非)는 진(秦)에 갇혀 〈세난(說難)〉·〈고분(孤憤)〉을 지었고, 《시(詩)》 3백 편은 대개 성현들이 울분을 나타내어 지은 것이다. 이들은 모두 마음속에 울결(鬱結)한 바가 있어 자신의 뜻을 소통할 수 없었으므로 지난 일을 저술하여 후세 사람을 생각했다.(〈태사공자서〉)

문왕 · 공자 · 굴원 · 좌구명 · 손빈(孫臏) · 여불위 · 한비자 《시경》의 저자들이 매우 힘든 역경을 당하여 마음속에 맺힌 바가 있고 자신의 뜻을 펼 수 없는 상황에서 절실한 감정을 책에 나타내어 후세 사람을 계시하고자 했다는 사실을 간파했다.

이처럼 〈자서〉에서 발분저서설을 피력한 사마천은 〈報任安書〉에서도 이와 비슷한 이야기를 했을 뿐만 아니라, 《사기》 내에서도 여러 번 강조했다.

이와 같은 발분저서설은 사마천의 직접 체험에서 우러나온 절실한 것으로, 그가 궁형을 당한 후 "창자가 하루에도 아홉 번씩 굽이치며, 집에 있으면 홀연히 무엇을 잊어버린 듯하고, 나가면 어디로 가야 할지 모르겠다. 이러한 부끄러움을 생각할 때마다 등에 땀이 흘러 옷을 적시지 않을 때가 없다"는 치욕을 감수하면서 마침내 《史記》를 완성했으니, 《史記》는 그가 발분저서한 결과로 이룩된 산물이라 할 수 있는 것이다.

사마천의 발분저서설은 창작의 심리적 동기를 표출해내었다는 점에서 높이 평가될 만하며, 후대의 문인들에게도 지대한 영향을 미쳤으니, 동한(東漢) 환담(桓譚; ? ~ AD 25년?)의 '賈誼不左遷失志則文彩不發'(賈誼가 좌천되어 뜻을 잃지 않았다면 그와 같이 빛나는 문장을 지을 수 없었을 것이다.), 당(唐) 한유(韓愈; 678 ~ 824)의 '不平則鳴(억울함이 있어 곧 작품으로서 그 뜻을 전한다.)', 송(宋) 구양수(歐陽修; 1007 ~ 1072)의 '窮而後工(부족함을 느껴야 비로소 정성을 다하여 글을 짓는다.)' 등은 사마천의 발분저서와 맥락을 같이 하는 문학이론들이라 할 수 있다.

3) 讀萬卷書 行萬里路,

(1) 读万卷书, 行万里路

사마천은 어떻게《史記》를 썼을까?

西漢의 사마천은 봉건시대의 위대한 학자 가운데 한명이었다. 그는 만 권의 책을 읽고, 만리를 여행하여《史記》를 저술했다.

가) 양호한 가정환경

사마천의 부친인 司馬談은 西漢시대의 太史令이었으며, 학문이 심오한 학자였다. 그는 아들 사마천의 교육에 대단히 엄격하였으며, 그가 아버지를 계승하여 太史令이 되어, 그가 쓰고 싶어 하였으나 완성하지 못한《史記》를 완성해 주기를 희망했다.

사마천은 어려서부터 양호한 가정교육을 받고 자라났다. 그는 어려서부터 아버지께서 제자백가와 역사이야기 및 전해져 내려오는 이야기 등을 듣는 것을 좋아했다. 사마천은 아주 어려서부터 글자를 깨우쳤고, 10살부터는《古文》을 읽기 시작해서,《左傳》·《國語》 등을 읽을 수 있었다. 그는 읽지 않은 책이 없었는데, "섭렵을 한 분야가 대단히 광범위했다.. …고금의 수 천년을 오르내렸다." 그는 당시의 經學大師였던 孔安國으로부터 "古史"를 배워《古文尙書》를 읽었다. 그 밖에도 당시의 儒學大師였던 董仲舒로부터도 배웠다. 20살이 되었을 때에는 이미 집에 있던 장서를 모두 읽었으며, 심오한 학문의 기초를 튼튼하게 닦았다. 그리고 스스로 태사령을 지냈기 때문에 궁중에 보관되고 있던 모든 서적에 접근할 수 있는 권한을 가지고 있었다.

나) 학술여행

사마천은 아버지의 가르침을 좇아서, 20세부터 전국을 두루 학술기행을 했다. 20년 동안 차례로, 전국의 수많은 곳을 답사했다. 제1차 학술여행에서 그는 湖北·湖南·安徽·山东·江苏·浙江 等地를 여행하였으며, 長沙에 갔을 때는 屈原의《离骚》·《天问》·《招魂》·《哀郢》등의 작품을 다시 읽고, 屈原이 자살한 멱라강변의 屈潭을 찾아 현지답사와 방문을 하기도 하였기 때문에,《屈原贾生列传》은 살아서 움직이는 듯 생동감이 넘친다. 그가 浙江에 갔을 때는 "禹穴(우임금 무덤)"을 방문하여, 禹임금의 치수의 업적을 고찰하기도 하였다. 그가 山東曲阜에 갔을 때는, 孔府·孔廟·孔林을 보고,《孔子世家》를 쓰기 위해 자료를 수집했다.

그는 2차로 漢武帝의 명을 받들어 西南으로 여행을 떠났는데, 雲南의 昆明·四川·贵州等地를 여행하여,《西南夷列传》등을 쓰기 위한 원시자료를 수집하였다.

그는 3차로 漢武帝와 함께 태산에 올라 封禪제를 올리고《封禅书》를 쓰기 위한 원시자료를 수집했다. 山東泰山·河北·山西等地를 답사했다.

가는 곳마다, 역사에 대하여 답사를 했고, 지리환경에 대해서 깊게 이해를 하였으며, 백성들의 생활습관·역사전설·유명인물의 숨겨진 이야기 등에 대해서도 깊이 있게 조사연구를 하였을 뿐만 아니라, 지방유지들을 방문하여 역사적 사실 등에 대해서 조사연구를 실시하여, 그 때마다 상세히 기록하여, 수많은 필기자료를 남겼다.

《史记》를 저술하는 과정에서, 그는 대량의 서한황가의 당안과 도서 등을 운용하였다. "… … 백년동안의 遺文과 古事가 태사공에게 모이지 않은 것이 없었다. 태사공은 부자가 이어서 그 직을 수행했다." 사마천은 천하의 사라졌던 옛이야기를 망라하고 밀실에 숨겨져 있던 책들을 모두 섭렵했다. 그는 태사령이 되었기 때문에 더욱 더 많은 국가의 장서를 읽을 수 있었다. 그는 고대의 각국의 역사와 잡기 등을 광범위하게 읽고, 세심하게 정리를 하였다. 그는 마침내 만고에 빛나는《史記》를 완성하였다.

4) 아버지(司馬談)와 아들(사마천)

사마천의 부친인 사마담(司馬談)은 무제의 봉선례(封禪禮)에 참가하지 못하게 되자 화병이 나서 곧 죽게 되었는데 이때 아들에게 다음과 같이 유언했다.: 우리 선조는 주(周) 왕실의 태사(太史)였다. 상대(上代)로부터 일찍이 우(虞).하(夏)에 공명이 드러났고 대관(大官)일을 맡아왔다. 후세에 중도에서 쇠퇴하더니 마침내 나에게서 끊어지려는가? 너는 다시 태사가 되어 우리 조상이 하던 일을 계속 하거라. 지금 천자께서는 천세(千歲)의 황통(皇統)을 이어 태산(泰山)에서 봉선례를 행하시는데, 나는 따라가지 못했으니, 이는 명이로구나, 명이야! 내가 죽거든 너는 반드시 태사가 되거라. 태사가 되거든 내가 논저하고자 하던 바를 잊지 말거라. 효라는 것은 부모를 모심에서 비롯하여, 그 다음에는 임금을 섬기고, 입신(立身)함에서 끝난다. 이름을 후세에 날려 부모를 드러나게 하는 것은 큰 효인 것이다. 무릇 천하 사람들이 주공(周公)을 칭송하는 것은 그가 능히 문왕 · 왕계(王季)의 덕을 논하여 노래했으며, 〈주남(周南)〉 · 〈소남(召南)〉의 뜻을 선양했고, 태왕(太王) · 왕계(王季)의 사례에 통달하여서 공류(公劉)에 미치고 후직(后稷)을 존중한 것을 말함이다. 유왕(幽王; 전781~771) · 여왕(厲王; 전 878~842)이후 왕도가 결핍되고 예악(禮樂)이 쇠퇴해지자, 공자(孔子)는 옛것을 닦아 쇠퇴한 것을 일으켜 《詩》 · 《書》를 논하고 《春秋》를 지으니 학자들이 지금까지 그를 본받고 있다. 획린(獲麟) 이래 사백여 년이 지나자 제후들이 서로 겸병하고 역사기록은 끊어졌다. 지금 한(漢)이 일어나 해내가 통일되고 명군 · 현신 · 충신 의로움에 죽은 선비들을 내가 태사이면서도 논하여 싣지 못하고 천하의 역사문을 폐하게 되어서, 나는 이를 심히 두려워하니, 너는 그것을 염두에 두거라.

사마담은 유언을 통해 아들 사마천이 조상의 세업(世業)을 이어받고 공자의 《춘추》를 본받아 자신의 논저하려고 했던 것을 계속하여 주기를 간절히 당부했다. 사마천은 갑작스러운 부친의 임종을 당하여 간절한 유언을 받았으므로 깊은 감동을 받고는 머리 숙여 말하기를, "소자가 불민하오나 아버님께서 정리하여 놓으신 옛 기록들을 모두 논술하여 감히 빠뜨리지 않겠습니다."라고 하여, 부친의 뜻에 따를 것을 엄숙히 맹세했다. 이와 같이 부친의 유명은 사마천에게 《사기》 찬작(撰作)이라는 거대한 사명감을 고취시켰던 것이다.

토론

1. 發憤之作의 진정한 의미는 무엇인가? "窮則變, 變則通, 通則久"는 周易 繫辭傳에 나오는 공자의 말씀이다. 窮: 사마천은 인간이 겪을 수 있는 극한의 상황에서, 생사를 넘나드는 번민과 고뇌를 겪었다. 變: 이 번뇌와 고통을 "문왕 · 공자 · 굴원 · 좌구명 · 손빈(孫臏) · 여불위 · 한비자 《시경》의 저자들이 매우 힘든 역경을 당하여 마음속에 맺힌 바가 있고 자신의 뜻을 펼 수 없는 상황에서 절실한 감정을 책에 나타내어 후세 사람을 계시하고자 했다"는 사실을 간파했다. 이로서 그의 울분을 《史記》를 저작하겠다는 원동력으로 승화시켰다. 通: 그 결과 그는 사기를 완성하였는데 저술의 목적을 다음과 같이 말하였다.: "究天人之際, 通古今之變, 成一家之言"(자연과 인간의 관계를 탐구하고 고금의 변화에 통달하는 일가의 학설을 이루고자 하였다.) 久: 사마천의 사기는 불멸의 역사서로 남았다. 發奮之作은 저작에 대한 최고의 찬사이다. 發奮之作에 대해서 토론해보자!
2. 역사서의 체례는 대체로 다음의 여섯 가지가 있다.: 1 编年体 2 纪传体 3 纪事本末体 4 国别体 5 通史 6 断代史. 《史記》는 대표적인 紀傳體 역사서로 1本紀 · 2表 · 3書 · 4世家 · 5列傳 등 다섯 부분으로 나누어져 있다. 이러한 체제는 이어서 나올 25史의 기본체례가 되었다. 사기의 체례에 대해서 구체적으로 토론해보자!
3. 《史記》의 가장 매력적인 부분은 열전에 있다고 할 수 있다. 사기에 기록된 3,000년의 역사 가운데에서 수많은 인물이 왔다가

사라졌는데, 그 가운데 70열전에 등장한 인물만이 역사적 인물이 되었다. 그가 열전을 쓸 때, 취사선택의 기준은 "不以成敗論英雄, 而以人格魅力爲抑揚的標準"(성공과 실패로 영웅을 논하는 기준으로 삼지 않았고, 인격적 매력으로서 褒貶의 표준으로 삼았다.)고 하였다. 사기는 철저히 인격적 매력을 역사흐름의 본류로 본 인본주의 사서라 할 수 있다. 이 후에 나온 수많은 문학작품들(특히 소설·희곡등 속문학)도 "○○傳" 등의 이름으로 출판되었다. 열전과 문학과의 관계에 대해서도 토론해 보자!

4. 讀萬卷之書 行萬里之路: 사마천의 사기는 책상 위에서 이루어진 卓上空論이 아니라, 군서를 두루 박람하고, 그리고 그 바탕 위에서 현지를 답사한 후, 현지인들의 의견을 수렴하고, 신화와 전설 및 민담 등 광범위하게 흩어져 있는 사료를 발굴하여 살아있는 역사를 기술했다. 이는 實事求是의 정신을 구현한 것이라 할 수 있다. 史記는 行間을 읽어야 한다. 행 속에는 역사의 수레인 王侯將相의 행적이 기록되어 있지만, 그 사이사이엔 그 수레를 타고 가는 민중의 모습이 드러난다.

5. 사마천은 "사람은 다 한 번씩 죽지만 어떤 사람의 죽음은 태산(泰山)보다 무겁고 어떤 사람의 죽음은 기러기 깃(鴻毛)보다 가볍기도 하니, 이것은 죽음으로 나아가는 방법이 다르기 때문이다"라는 사실을 인식하게 된다. ("人固有一死, 或重于泰山, 或轻于鸿毛。用之所趣異也") 삶과 죽음이란 동전의 양면과 같이 죽음에 대한 관념이 삶을 결정하고, 거꾸로 삶이 죽음을 결정하기도 한다. 이 삶과 죽음의 상호작용에 대하여 토론해보자!

제8화

중국불교의 정착 __ 惠能[8)]

육조 혜능(惠能)과 중국의 불교[9)]

1. 혜능불교의 역사성

혜능은 인도에서 수입된 불교를 완전히 중국화된 불교로 바꾼 불교계의 위대한 인물이다. 毛澤東은 달라이라마, 판첸라마 등의 불교계 인사를 만날 때마다 혜능을 언급하면서 인도의 어려운 불교를 간단하고도 쉽게 중국화한 위대한 인물로 평가하였다. 특히 1959년에는 중국철학의 대가인 임계유(任繼愈)를 접견하는 자리에서 혜능의 중요성을 강조하였는데 언제나 그 핵심은 불교를 중국화한 위대한 인물임을 강조하는데 있었다.

2. 오조 홍인과의 만남

혜능(惠能)의 부친은 본관이 범양(范陽) 사람으로 남방 신주(新州)로

8) 이 글은 제목을 제외한 원문은 주2)에서 밝히고 있는 것처럼 강경구교수께서 직접 쓰신 글을 보내주셨습니다. 감사와 존경의 표시로 한 자도 가감 없이 그대로 실었습니다.

9) 이 글은 강경구의 『돈황본육조단경평설』에 실린 혜능의 생애 부분을 요약정리 보완한 것임

좌천되어 이주하였다. 혜능은 어려서 일찍 부친을 여의고 홀로 된 노모와 어릴 때 남해로 이주하였는데, 집안이 어렵고 가난하여 시장에서 땔나무를 팔았다. 어느 날 한 손님에게 나무를 팔아 객점으로 나르다가 손님의 『금강경』 읽는 소리를 듣고 마음이 밝아져 바로 깨닫게 된다. 혜능은 손님에게 '어디에서 오셨는데 이러한 경전을 읽으시는 것입니까' 하고 묻는다. 손님이 대답한다. '나는 기주(蘄州) 황매(黃梅)현의 동쪽 빙무산(馮茂山)에서 오조 홍인스님을 뵈었습니다. 지금 그 문하에는 천여 명의 대중들이 있습니다. 그곳에서 나는 큰스님께서 수행자와 속인들에게 오직 『금강경』 한 권만 독송하면 바로 본성을 보고, 곧바로 깨달아 부처가 될 수 있다고 권하는 말씀을 듣게 되었습니다.' 혜능이 그 말을 듣고 전생의 인연이 있어 바로 어머니를 떠나 황매 빙무산으로 가서 오조 홍인스님을 만난다. 그 때 홍인스님과 혜능간에 이런 대화가 오갔다고 한다.

홍인: 그대는 어디 사람인데 이 산에 와서 나에게 예배하는가? 그대는 나에게 무엇을 구하는가?

혜능: 저는 영남 사람으로 신주의 백성입니다. 지금 일부러 먼 곳에서 찾아와 스님을 예배하는 것은 어떤 무엇을 얻고자 해서가 아닙니다. 오직 부처가 되기만을 구할 뿐입니다.

홍인: 그대는 남방 사람으로 오랑캐 종족이기까지 하다. 어떻게 부처가 될 수 있겠느냐?

혜능: 사람에게는 남과 북의 구별이 있겠지만 불성에는 남쪽이니 북쪽이니 하는 것이 없습니다. 오랑캐인 이 몸뚱이는 스님과 같을 수 없겠지만 불성에 무슨 차별이 있겠습니까?

이에 홍인은 혜능의 그릇을 알아보고 그를 보내 대중들과 같이 일을 하도록 하였는데 이 때부터 혜능은 방앗간에서 여덟 달 넘게 방아를 찧게 되었습니다.

3. 깨달음과 스승의 인가

오조스님이 어느 날 문득 제자들을 모두 불러 모아 이렇게 말한다.

“내가 말해온 것처럼 사람들에게 나고 죽는 것이 큰일이다. 그대들은 종일 불공으로 복이나 구하며, 나고 죽는 고통의 바다에서 벗어나려는 생각을 않고 있다. 그대들이 저절로 이러한 성품에 눈뜨지 못하고 복을 추구하고 있는데 이 길이 어떻게 그대들을 구할 수 있겠는가? 모두 방으로 돌아가 스스로 살펴보라. 지혜가 있는 사람이라면 스스로 본래 이러한 바탕에서 우러나오는 반야의 지혜를 가지고 각기 한 수의 노래를 지어 나에게 가져오도록 하라. 내 그대들의 노래를 살펴보겠다. 만약 큰 뜻을 깨친 사람이라면 그에게 가사와 법을 맡겨 여섯 번째 조사로 삼으리라. 눈썹에 불이 난 듯 서둘러 짓도록 하라.”

제자들은 게송을 지을 생각을 하지 않았다. 교수스님인 신수 상좌가 법을 얻게 될 것이므로 그에게 의지하면 될 것이기 때문이었다. 당시 홍인의 거처 앞에는 세 칸짜리 회랑의 벽이 있었다. 홍인은 이 회랑의 벽에 『능가경』을 그림으로 표현하고, 나아가 불교의 가사와 법이 전수된 법맥도를 그려 공양하며 후대에 전할 기록으로 삼고자 하였다. 화가 노진(盧珍)이 벽을 살펴보고 다음날 그림을 시작할 참이었다. 신수상좌가 생각하였다. ‘사람들이 마음의 노래를 올리지 않는 것은 내가 교수스님이기 때문이다. 내가 만약 마음의 노래를 올리지 않는

다면 오조스님께서 어떻게 내 마음속의 견해가 깊고 옅은지 아시겠는가? 마음의 노래를 오조스님께 올려 나의 뜻을 밝혀야겠다. 다만 법을 구하는 일은 옳지만 조사의 지위를 구하는 것은 옳지 않다. 그것은 범부의 마음으로 성인의 위치를 쟁취하려는 것과 같기 때문이다. 그렇지만 마음의 노래를 올리지 않는다면 결국 법을 얻지 못하게 될 것이다.'

이렇게 한참을 생각하고는 삼경의 밤에 아무도 모르게 남쪽 회랑의 가운데 벽으로 가서 마음의 노래를 써서 가사와 법을 전수받고자 하였다. 그리고는 생각하였다. '만약 오조께서 이 노래를 보고 그 내용을 말씀하시면서 나를 찾으신다면 스님을 뵙고 이것이 내가 지은 것이라 말하도록 하자. 오조께서 노래의 내용이 수준에 이르지 못했다고 말씀하시면 그것은 당연히 내가 미혹하고 숙세의 업장이 많아 법을 전수받기에 적합하지 못하다는 말이 될 것이다. 성인의 뜻은 측량하기 어려운 것이니 이런저런 생각들을 쉬도록 하자.'

신수상좌가 삼경에 회랑의 중간 벽에 가서 촛불을 잡고 노래를 썼는데 아무도 그 사실을 알지 못하였다. 노래의 내용은 이랬다.

몸은 깨달음의 나무,
마음은 밝은 거울.
쉼 없이 부지런히 털어내고 닦아,
먼지와 티끌이 묻지 않도록 하고 있는 중.

신수상좌가 이 노래를 다 쓰고는 방으로 돌아와 누웠는데 그것을 본 사람이 아무도 없었다. 다음 날 아침 홍인이 화가 노진(盧珍)을 남쪽 회랑으로 불러 『능가경』을 그림으로 그리려고 하다가 이 노래를 보게 되었다. 오조스님께서는 이것을 읽고 화가에게 말하였다.

"화가님께 3만금을 드리겠습니다. 멀리서 오시느라 큰 수고를 하셨는데 그림은 그리지 않겠습니다. 『금강경』에 '모든 모양 가진 것은 다 허망하다'고 했으니 이 노래를 남겨 어둠 속을 헤매는 사람들에게 외우도록 하는 것이 낫겠습니다. 이것에 의지하여 수행한다면 삼악도에 떨어지지 않을 것입니다. 이 법에 의지하여 수행한다면 큰 이익이 있을 것입니다."

그런 뒤 홍인은 제자들을 모두 불러 노래의 앞에 향을 피우도록 하였다. 대중들이 나아가 보고 모두 공경하는 마음을 내었다.

"그대들은 모두 이 노래를 외우도록 하라. 그러면 견성할 수 있을 것이다. 이것에 의지하여 수행한다면 아래로 떨어지지 않을 것이다."

제자들이 모두 이를 외우고 공경하는 마음을 내며 다들 '훌륭하다'고 말하였다. 홍인스님은 따로 신수상좌를 방장실로 불러 물었다.

"이 노래를 네가 지은 것이 맞느냐? 만약 이것을 네가 지었다면 나의 법을 얻을 것이다."

신수상좌가 말했다.

"송구합니다. 사실 이것은 제가 지은 것입니다. 감히 조사가 될 생각은 없습니다만 큰스님께서 자비심으로 한 번 보아 주십시오. 저에게 작은 지혜라도 있어 큰 뜻을 알고 있기는 한 것입니까?"

홍인이 말하였다.

"네가 지은 이 노래는 그 견해가 문 앞까지는 왔지만 아직 문에 들어오지는 못하였다. 보통 사람들이 이 노래에 의지하여 수행한다면 아래로 떨어지지는 않을 것이다. 그렇지만 이러한 견해를 가지고 위없는 깨달음을 구한다면 그럴 수 없을 것이다. 법의 문에 들어서고자 한다면 자신의 본래 바탕을 보아야 한다. 너는 돌아가서 하루 이틀 더 생각해 보고 다시 노래를 지어 나에게 가져오도록 하라. 만약 법의 문에 들어와 자신의 본래 바탕을 볼 수 있다면 너에게 가사와 법을 맡기도록 하겠다."

신수상좌가 물러나 며칠이 되어도 노래를 짓지 못하였다.

그 때 혜능은 방앗간에서 방아를 찧는 중이었는데 한 동자승이 방앗간 옆을 지나면서 이 노래를 외우는 것을 듣게 되었다. 혜능은 그것이 아직 자성을 밝게 보지 못하였으며, 큰 뜻을 알지 못하고 있는 것임을 바로 알았다. 내가 동자승에게 물었다.

"방금 외운 것은 무슨 노래입니까?"

동자가 대답하였다.

"모르고 있었군요. 큰스님께서 말씀하셨지요. '사람에게는 나고 죽는 일이 큰일이다. 가사와 법을 전할 생각이니 문인들은 각자 노래를 하나씩 지어 나에게 가져와 보여라. 큰 뜻을 깨달았다면 가사와 법을 전해 여섯 번째 조사로 삼으리라.' 이에 신수상좌라는 분이 남쪽 회랑의 벽에 모양을 세우지 않는 노래[無相偈]를 한 수 썼는데 오조스님께서 문인들에게 그것을 모두 외우게 했습니다. 이 노래를 깨달으면 바로 자성을 볼 것이며, 이것에 의지하여 수행하면 바로 윤회를 벗어날 거라는 말씀이셨습니다."

혜능이 말하였다.

"내가 이 방앗간에서 8개월을 지내면서 방장실 앞에 가본 적이 없습니다. 스님께서 나를 남쪽 회랑에 데리고 가주시기 바랍니다. 그 노래를 보고 예배한 뒤 나도 외워 지녀 내생의 인연을 맺음으로써 부처님 땅에 태어나고자 합니다."

동자가 혜능을 안내하여 남쪽 회랑으로 갔습니다. 혜능은 그 노래에 예배를 하고는 글자를 몰랐기 때문에 어떤 사람에게 읽어달라고 부탁을 했다. 그리고 듣자마자 바로 대강의 뜻을 알았다. 그래서 혜능은 자신의 노래를 지어서는 다시 글을 아는 사람에게 부탁하여 서쪽 벽에 써서 본래 마음을 드러내 보였다. 그 노래는 이러하였다.

깨달음의 나무라는 것이 따로 없고,
밝은 거울이라는 게 따로 있지 않다.
부처의 바탕은 항상 청정한데,
어디에 먼지와 티끌이 있겠는가.

두 번째 노래가 또 있었다.

마음은 깨달음의 나무라 치자,
몸은 밝은 거울이라 치자.
밝은 거울은 본래 청정한데,
어디에 먼지와 티끌이 묻었던가?

도량의 사람들이 나의 이 노래를 보고는 모두 깜짝 놀랐다. 혜능이 방앗간으로 돌아오고 나서 홍인이 회랑으로 내려왔다가 이 노래를 보고는 큰 뜻을 보았음을 알았다. 그러나 사람들이 이것을 알까 걱정하여 대중들에게 말하기를 '이것 역시 아직 깨닫지 못한 것이다'라고 하였다.

이후 홍인은 야반 3경에 혜능을 방장실로 불러 『금강경』을 설하였다. 혜능은 한 번 듣고 말끝에 바로 깨달아 그날 밤에 법을 전해 받았는데 아무도 이를 알지 못하였다. 그렇게 혜능은 바로 깨닫는 법과 가사를 전수받아 제6대 조사가 된 것이다. 가사는 신표로서 대대로 전승되는 것이었고, 법은 마음에서 마음으로 서로 전하는 것이므로 반드시 스스로 깨닫도록 해야 하는 것이었다. 법을 전한 뒤 홍인이 이렇게 말하였다.

"혜능아! 예부터 법을 전하면 그 생명이 실낱같이 위험해지곤 하였다. 이곳에 머물면 누군가 너를 해치게 될 것이다. 그러니 빨리 떠나도록 해라."

가사와 법을 얻어 삼경에 떠나는데, 홍인이 직접 혜능을 구강역(九江驛)까지 전송하고 곧바로 헤어지면서 이렇게 당부하였다.

"부지런히 가도록 해라. 법을 가지고 남쪽으로 가되, 3년간은 이 법을 널리 펴지 말아라. 고난이 지나간 뒤에 잘 깨우쳐 주고 널리 교화하도록 해라. 미혹한 사람이라도 마음만 열리면 깨달은 사람과 다름이 없을 것이다."

4. 혜능의 전법

혜능은 작별의 인사를 마치고 바로 출발하여 남쪽으로 향하였다. 두 달 만에 대유령(大庾嶺)에 이르렀는데 뒤에서 수백 명의 사람들이 추격하여 그가 받은 가사와 법을 빼앗고자 하다가 중간에서 모두들 돌아갔다. 다만 출가 전에 3품 장군이었다고 하며 성품과 행동이 거친 진혜순(陳惠順)이라는 승려가 대유령에서 혜능을 따라잡았다. 혜능이 가사를 내어주자 그는 그것을 받으려 하지 않고 이렇게 말하는 것이었다.

"제가 멀리까지 쫓아온 것은 불법을 구하기 위해서이지 가사를 원해서가 아닙니다."

혜능은 대유령에서 혜순에게 법을 전하였는데 그가 듣고는 말끝에 깨달았다. 혜능은 혜순에게 북쪽으로 가서 사람들을 교화하도록 하였다. 그런 뒤 혜능은 남방으로 내려가 5년간 은거생활을 하다가 667년 광주 법성사(法性寺)의 인종(印宗) 법사를 만나게 된다. 당시 인종법사는 『열반경』을 강의하고 있었는데 바람과 깃발의 논쟁에 대해 '마음이 움직이는 것'이라는 대답으로 인종법사를 놀라게 한다. 인종법사는 그가 홍인의 법을 받은 혜능임을 알고 그의 머리를 삭발하고 구족계를 내린 뒤 자신은 그의 제자가 된다. 이후 혜능은 법성사에서 얼마간 법을 전하다가 조계산 보림사(寶林寺)로 옮겨 본격적으로 법을 전하게 된다. 그 가르침의 핵심을 담은 『단경』은 소주 대범사(大梵寺)에서 설해진 것으로 당시 수령이었던 위거(韋據)가 직접 보림사를 찾아와 도성의 대범사에 가서 법을 설해달라는 간청으로 이루어진 것이다. 『단경』은 크게 돈황본 계열, 혜흔본 계열, 덕이본 계열, 종보본 계열로 유통되고 있는데 판본에 따라 문장의 차이가 크게 나타나기는 하지만 어느 경우나 단번에 깨닫는 돈교의 가르침을 전하고 있다는 점에서는 큰 차이가 없다. 혜능에게는 10대 제자가 있었고, 그 중 특히 하택신회는 그의 법이 중국불교의 주류가 되도록 전파한 주역으로 꼽힌다.

5. 조정의 초청과 열반

혜능의 남방에서의 전법 활동에 대해 중앙에서도 큰 관심을 갖고 있었는데 중종(中宗)은 내시 설간(薛簡)을 보내 그를 부르기까지 하였다. 그러나 혜능은 나이가 많고 풍질이 있어 먼 길을 갈 수 없다고 사양하였고, 설간은 불법의 요체를 물어 그것을 황제에게 보고하였다. 이에 중중은 마납가사 한 벌과 비단 500필을 하사하고 보림사를 중흥사(中興寺)로 개명하도록 하였다.

713년 혜능은 신주 국은사(國恩寺)에서 열반하였는데 세수 76세였고, 8월이었는데 주변 숲의 나무들이 눈이 내린 것처럼 하얗게 변했다는 얘기가 전한다. 제자들은 그의 유체를 조계로 옮겨 탑에 봉안하였다가 이후 탑에서 꺼내 그 위에 옷 칠을 하여 육신불로 모셨는데, 지금까지 소주 남화사(南華寺)에 남아 있다. 당 헌종(獻宗)은 그에게 대감선사(大鑑禪師)라는 시호를 하사하였고, 그의 일생을 기록한 유종원(柳宗元)의 『조계제육조대감선사비병서(曹溪第六祖大鑑禪師碑幷序)』가 전하고, 또 유우석(劉禹錫)의 『조계대사제이비(曹溪大師第二碑)』의 문장이 전한다.

제9화

번역의 대가 __ 玄奘

玄奘(602年~664年)은 당대의 유명한 고승으로 法相宗의 창시인이다. 洛州緱氏(今河南洛阳偃师)人으로 그의 선대는 穎川人이다. 속가의 성명은 陳禕이고, 법명은 玄奘이며, 그를 존경하여 三藏法師라고 불렀으며, 후세사람들은 "唐僧"이라고 불렀다. 鳩摩羅什·眞諦 등과 함께 중국삼대번역가로 병칭되고 있다.

玄奘은 중국불교의 각파의 학설이 다른 까닭을 연구하기 위하여, 貞觀元年에 홀로 5만리길을 서행하여, 온갖 고초를 다 겪은 후 인도 불교의 중심지인 那爛陀寺에 도착하여 진경을 얻어 볼 수 있었다. 전후 17년 동안 당시 대소승의 각종 학설을 모두 다 섭렵하고 나서. 불사리 150과와 불상 7존 및 經論 657부를 가지고 돌아 와서, 오랜 기간 동안 불경의 번역사업에 종사했다. 玄奘과 그의 제자들은 불경 75부 1335권을 번역해 내었다. 玄奘이 번역한 불경에는《大般若经》《心经》《解深密经》《瑜伽师地论》《成唯识论》등이 있다.《大唐西域记》十二卷은 그가 서쪽으로 여행을 하면서 경유했던 110개 국가 및 들었던 28개 국가의 산천·地邑·物産·習俗 등을 기록한 책이다.《西游记》는 唐僧의 取經故事를 원형으로 하고 있다.

인물생평

602년: 玄奘는 東漢의 명신 陳寔의 후예이다. 증조부 陳欽은 일찍이 後魏때 上黨太守를 역임했고, 조부인 陳康은 학문이 뛰어나서 北齊에 출사하여 國子博士를 역임하고 周南(현 河南洛陽)에 식읍을 받았다. 부친 陳惠는 키가 크고 신체가 건장하였으며 이목구비가 선명하였다. 평소에 학문에 심취하여, 경서를 두루 읽었고, 당시 많은 사람들로부터 존경을 받았으며, 일찍이 강릉현관을 지냈다. 후에 隋나라가 망하자, 고향으로 내려와 은거하며, 병을 핑계로 출사하지 않았다. 당시 지식인들은 모두 그의 절개를 칭찬하였다. 陳惠는 4명의 아들을 낳았는데, 玄奘은 4째 아들이었다. 현장은 隋나라 仁壽二年(602)에 태어났다.

玄奘은 어려서부터 아버지로부터 《孝經》 등 유가경전을 배웠으며, 경전에 두루 능통했고, 옛 성현들을 숭상하여, 양호한 품성을 길렀다. 아버지가 세상을 떠난 후 둘째형 陳素가 洛陽淨土寺에서 출가하였는데, 이 사람이 바로 長捷法師이다. 현장이 11세 되던 해에 長捷法師를 따라 절에 들어가 《法華經》·《維摩詰經》 등을 배웠다.

612년: 隋大业八年(612年), 玄奘이 열 살이 되던 해에 大理寺卿의 추천으로 파격적으로 洛陽淨土寺에서 출가하였다. 현장은 출가 후에, 먼저 洛陽淨土寺의 景法師로부터 《涅槃經》을 배우고, 嚴法師로부터 《攝大乘論》을 배웠는데. 6년을 머물렀다.

618년: 唐高祖武德元年(618年), 전란으로 인하여 玄奘은 형인 長捷法師와 함께 낙양을 떠나 四川으로 가서, 空·景(慧景, 攝論학자) 두 법사에게서 배웠다. 다음해, 玄奘은 성도로 가서 寶暹이 《攝論》을 강의하는 것을 들었고, 道基로부터 "一切有部"를 설하는 《阿毘曇論》을 배웠으며, 이어서 道振으로부터 《發智論》을 배웠다. 玄奘은 蜀에 머물렀던 4·5년 동안에 여러 스승으로부터 많은 것을 배웠으며, 大小乘經論 및 南北地論學派·攝論學派 각 家의 학설을 연구하고 익혀서, 학업에 큰 진보가 있었으며, 점차 사람들로부터 존경을 받게 되었다.

618년: 隋大业十二年(618年)에 玄奘은 형을 따라서 漢川으로 들어가 益州에까지 이르게 되었을 때, 마침 空·景 두 법사를 만나 그들로부터 배웠다. 계속해서 高僧大德들이 운집한 成都로 가서 학습하였다. 武德5년(622)에 玄奘은 成都에서 具足戒를 받았다. 그 후 玄奘은 각지를 유람하면서 명사를 예방하여 배우고, 경을 강의도 하고 설법도 하였다.

4·5년 동안에 수많은 명사들로부터 가르침을 받아 玄奘은 "大小乘經論"·"南北地論"·"攝論學說" 등에 모두 깊은 자신만의 견해를 가지게 되었으며, 蜀지역에서 유명해졌다. 여기에 만족하지 않고, 武德七年(624年)에 당시 攝論學의 중심지였던 相州(今河南省安阳市中西部)로 가서 慧休로부터 《雜心論》을 배웠으며, 赵州(今河北省赵县境内)로 가서 道深으로부터 《成實論》을 배웠으며, 다시 長安으로 돌아와 道岳으로부터 《俱舍論》을 들었을 뿐만 아니라, 당시 중인도로부터 중국에 와 있던 波罗颇迦罗密多罗(简称"波颇")에게 불법에 대해서 질의했다.

일찍이 南北朝時代부터, 불교학계에서는 "一阐提众生有无佛性(善根이 약한 중생도 불성이 있느냐 없느냐?)"를 놓고 한 바탕 논쟁이 벌어졌다. 玄奘 때에 이르러, 북방에서는 이미 오래전부터 유행하던 《涅槃经》·《成实经》·《毗昙》学과 眞諦가 남방에서 번역해서 전파했던 《摄论》·《俱舍论》이 남북불교의 주류를 이루고 있었다. 玄奘은 학습을 통해 眞諦등 고승들이 번역한 역저들이 (뜻이) 분명하지 않아, 義理(뜻)가 분명하지 않고, 서로 다르게 이해하여, 注疏마저 달라, 중요한 이론문제에 있어, 주장이 엇갈려, 서로 융합할 수가 없다는 점을 깊이 느끼고 있었다. 특히 당시 攝論·地論 양가는 法相之說이 서로 달라 마침내 인도에 가서 彌勒論師의 의견을 구하자는 의론이 대두했다.

西行求法(인도로 불경을 구하러 떠나다.)

法相學이 형성한 북방의 地論學과 남방의 攝論學의 차이에 착안하여, 이 둘을 어떻게 융화를 할 것인가 하는 문제가 玄奘이 해결해야 할 문제로 떠올랐다. 武德九年(626年), 때마침 장안에 와 있던 인도승려 波頗로부터 인도승려 戒賢이 那爛陀寺에서 《瑜伽論》의 總攝三乘之說을 강의하고 있다는 이야기를 듣고서, 인도로 가서 원전을 구해 새로 번역을 하여 중국의 불학사상이 나누어지는 것을 막아보겠다는 발원을 하였다.

627년: 贞观元年(627年), 玄奘은 동반자를 모아 表를 올려 인도로 가는 것을 허락해주기를 간청했다. 그러나 당태종의 윤허를 얻지 못했다. 그러나 玄奘은 이미 결심이 섰으므로 "법을 어기고라도 개인적으로 천축으로 가겠다."는 결심을 하였다. 산을 넘고 물을 건너 장장 5만리 길이었다.

628년: 唐太宗贞观二年(628年), 27세의 玄奘은 瑜伽唯識學을 탐구하기 위하여 인도행의 첫발을 내딛었다.

玄奘西行路线

玄奘西行路线 도중에 蘭州를 거쳐 凉州(姑藏)에 도착하고, 낮엔 엎드리고 밤엔 걸어 瓜州에 이르러 다시 玉門關을 거쳐 五烽을 지나고 流沙를 건너 온갖 고초를 다 겪은 후, 伊吾(哈蜜) 에 도달하여 高昌国(今新疆吐鲁番县境)에 도착하여, 高昌國王 麴文泰의 禮遇를 받았다. 그 후 屈支(今新疆库车)·凌山(耶木素尔岭)·碎叶城·迦毕试国·赤建

国(乌兹别克斯坦首都塔什干)·飒秣建国(今撒马尔罕城之东)·葱岭·铁门을 지나, 货罗国故地(今葱岭西·乌浒河南一带)에 도달했다. 다시 남하하여 缚喝国(今阿富汗北境巴尔赫)·揭职国(今阿富汗加兹地方)·大雪山·梵衍那国(今阿富汗之巴米扬)·犍双罗国(今巴基斯坦白沙瓦及其毗连的阿富汗东部一带)·乌伏那国(巴基斯坦之斯瓦特地区) 등을 거쳐, 迦湿弥罗国(今克什米尔)에 도착했는데, 총 연장 13800여리였다.

通晓三藏(經·律·論 三藏에 통달하다.)

迎湿弥罗国에서 현장은 梵文경전을 배운 후, 다시 오늘날의 파키스탄의 경내로 들어갔다. 1년 동안 4개국을 다니면서, 가는 곳마다 그곳에 머물면서 불법을 배웠다. 31세가 되던 해에 현장은 한편으로 배우면서, 한편으로 걸어서 중인도로 들어갔다. 그 후 현장은 한편으로는 불교경론을 배우면서 다른 한편으로는 불교유적지를 순방했다. 차례로 羣禄勒那·袜底补罗·揭若鞠阁等 10여 개국을 거쳐서 마침내 那爛陀寺에 도착해서 유학했다. 현장은 나란타사에 5년을 머물면서 깍듯한 예우를 받으면서 공부를 했고, 삼장에 두루 통달한 10명의 승려 중에 1명으로 뽑히는 영예도 누렸다. 차례로 戒賢이 강의하는《瑜伽師地論》·《順正理論》및《顯揚聖教論》·《對法論》·《集量論》·《中論》·《百論》과 印明·聲明學등을 들음과 동시에 바라문교경전과 각종 梵書 등을 읽었다.

637년: 贞观十年(公元637年)에 현장은 나란타사를 떠나서, 伊烂钵伐多国(今印度北部蒙吉尔)·萨罗国·安达罗国·驮那羯磔迦国(今印度东海岸克里希纳河口处)·达罗毗荼国(今印度马德拉斯市以南地

区)·狼揭罗国(今印度河西莫克兰东部一带)·钵伐多国(约今克什米尔的查谟) 등을 여행하면서 명사들을 예방하고 학문을 배웠다. 그는 钵伐多国에 2년 동안 머물면서,《正量部根本阿毗达磨论》및《摄正法论》·《成实论》등을 정성껏 연구한 후 나란타사로 다시 돌아왔다. 얼마 지나지 않아, 低罗择迦寺로 가서 般若跋陀罗와 说一切有疗三藏 및 因明·声明等学 등을 토론하였으며, 다시 杖林山으로 가 胜军을 예방하고 唯识抉择·意义理·成无畏·无住涅槃·十二因缘·庄严经等论을 연구하고 의문 나는 것을 질문하였으며, 2년 후에 나란타사로 돌아왔다. 이때 戒賢은 현장에게 나란타사의 승려들을 위하여 攝論과 唯識決擇論을 강의해줄 것을 부탁하였다. 마침 中观清辨(婆毗呔伽)一系大师师子光이 거기에서《中论》·《百论》등을 강의하고 있었는데, 法相唯識之說에 반대하였다. 그래서, 현장은《會宗論》3천頌을 지어 大乘의 中觀·瑜伽 양파 학설의 조화를 시도하였다. 동시에 正量部學者 般若多와의 변론에 참여하여《諸惡見論》1천6백 頌을 지었다. 또 东印迦摩缕波国(今印度阿萨姆地区)国王鸠摩罗의 요청에 응하여 경을 강의하고 설법을 하였으며,《三身论》을 지었다. [11]

641년: 唐贞观十五年(641年) 현장이 42세 되던 해에 戒日王을 만났는데, 戒日王은 현장을 융숭하게 예우했다. 戒日王은 현장을 論主로 하여 曲女城에서 불학변론대회를 열었는데, 인도 전역에서 18명의 국왕과 3000명의 대소승불교의 승려 및 외도 2.000 명이 참가하였다. 당시 현장이 강론을 하고, 사람들로 하여금 자유롭게 반론을 제기하게 하였으나, 누구도 감히 반박을 하지 못하였다. 일시에 인도전역에 명성이 자자하였으며, 대승불교에서는 그를 "大乘天"으로 받들었으며, 소승불교에서도 그를 "解脫天"으로 받들었다. 戒日王은 또다시 현장에게 5년에 한 번 75일 동안 열리는 無遮大會에 참석해줄 것을 요청하였다. 대회가 끝난 후 귀국하였다.

取经归来(불경을 구해서 돌아오다.)

643年: 현장은 명예롭게 귀국길에 올랐는데, 그 때 657部의 불경도 함께 가지고 출발하였다. 贞观十九年(645年)正月에 장안에 도착하였다. 이 때, 당태종은 요동정벌 중이었기 때문에 낙양에 주둔하고 있었다. 태종은 그가 돌아온다는 소식을 듣고, 즉각 명령을 내려 낙양에서 그를 만났다. 현장은 급히 길을 나서, 그 달 22일에 출발을 해서 2월 초에 낙양의 宫仪鸾殿에서 당태종을 알현했다. 당태종은 몹시 반가워하면서, 현장과 나란히 앉아서 다음과 같이 물었다.: "법사께서는 당시에 떠날 때 왜 조정에 알리지를 않았소?" 현장은 다음과 같이 대답했다.: "현장이 당시 떠날 때에 제삼 표를 올렸으나, 사소한 사건이라 조정에서 허락을 해주지 않았습니다. (佛)道를 얻고자 하는 마음이 너무나 간절하여 사사로이(불법적으로) 떠날 수밖에 없었습니다. 함부로 행동한 죄 부끄럽고 두려울 따름입니다." 태종이 다음과 같이 말했다.: "법사는 출가하여 세속과 인연을 끊었으므로, 목숨을 걸고 불법을 구해서 창생들을 이롭게 하자는 것이었겠지요?"

현장이 인도와 중앙아시아로부터 가지고 온 불경은 대단히 풍부하였는데, 모두 합쳐 526상자 657部였다. 이들은 불교원전문헌의 연구에 많은 도움을 주고 있다.

현장의 고향 동남쪽에 있는 소림사는 낙양에 있는 명찰로, 세속으로부터 멀리 벗어나 있어, 주위환경이 매우 맑고 조용하였다. 현장이 처음 당태종을 만났을 때, 그는 崇山少林寺로 가서 번역작업하기를 희망하였으나, 당태종의 윤허를 얻지 못하여, 3월 초하룻날 뜻을 접고 장안으로 돌아갔다.

帝诏弃缁(황제는 조칙을 내려 환속을 권했다.)

현장이 막 귀국을 하였을 때, 唐太宗은 그에게 다음과 같이 말했다.: "짐이 오늘 법사를 보니 문장이 대단히 전아하고, 풍채가 당당하여 옛 성인에 비해 부끄러울 것이 없고 오히려 훨씬 더 뛰어나다." (唐太宗은) 그에게 아주 높은 평가를 하면서 "황제가 보아하니 법사께서는 관리로서의 자질이 충분하니, 승적을 버리고 환속하여 속무를 도와줄 것을 요구하노라."고 하면서 승복을 벗고 환속할 것을 요구했다. 현장은 다음과 같이 대답했다.: "현장은 어려서 불문에 귀의하여, 佛道만을 받들어, 불교만 익혔을 뿐, 孔教는 들은 적이 없습니다. 오늘 불교를 버리고 환속을 하는 것은 배를 타고 강물을 오르내리는 사람이 물을 버리고 뭍으로 올라가는 것과 같아서, 공을 이루지 못하는 것은 물론이려니와 정치를 부패하게 만들지나 않을지 두렵습니다. 원컨대 평생 불도를 닦아 국가의 은혜에 보답할 수 있도록 해주시면, 현장에게는 이보다 더 다행한 일이 없겠습니다."

太宗이 현장에게 불법을 버리고 환속하기를 권한 것은 현장이 불경을 번역하여 불법을 홍양하겠다는 그의 의지와 위배되는 것이었으므로, 현장은 결단코 거절하였다. 당태종은 여전히 그의 뜻을 꺾지 않고, 항상 "강력하게 환속하여 그를 옆에 두고 함께 정사를 논하기를 권하였다." 예를 들면, 정관19년에 당나라가 요동을 정벌할 때, 太宗은 현장이 관전하기를 요구했고, 다시 한 번 더 환속하기를 요구했다. 22년에도, 또다시 환속하라고 명령을 내렸으나, 현장은 초심을 버리지 않고, 상소하여 재삼 거절하여 "불문에서 계를 지키며, 불법을 찬양하는 것이 제가 바라는 바입니다."고 의지를 밝혔다.

唐高宗 李治가 등극한 이후에 또한 여러 차례 승복을 벗고 환속할 것을 요구했다. 당초에 통치자들의 통제를 피하기 위하여 현장은 고향인 소림사로 돌아가 불경을 번역할 것이라고 말하고, 다음과 같이 상소를 올렸다.: "현장이 서역으로부터 가져온 불경이 600여부나 되지만, 아직도 번역을 시작하지 못했습니다. 오늘 이 崇山의 남쪽 少室山의 북쪽에 있는 소림사는 멀리 속세를 벗어나 있고, 맑고 조용한 샘물이 흘러, 後魏 孝文帝가 지었으며, 菩提留支스님이 불경을 번역하였던 곳입니다. 현장도 그 곳으로 가 불경을 번역하기를 원하오니, 부디 허락해 주시기 바랍니다." 唐高宗顯慶2年(657년), 현장은 재차 "이제 노쇠하여 고향으로 돌아가, 산사에 머물면서 예불과 독송으로 세월을 보내려고 하니, 허락하여 주시옵소서!"하였으나, 모두 다 거절을 당했다.

潛心译经(전심전력으로 불경번역사업에 몰두하다.)

645년: 贞观十九年(645年), 당태종의 지원 하에, 현장은 장안에 譯經

院(국립번역원)을 세웠고, 역경에 참여할 우수한 학자들이 전국각지와 동남아 각국에서 모여들었다. 그는 장안의 弘福寺에 역경장을 설치하고, 불경번역을 시작하였다. 그 후, 大慈恩寺·北闕弘法院·玉華宮 등에서 등에서도 번역사업을 계속하였다. 불경을 번역하고 경을 강의하는 외에도, 그는 스스로 이야기하고 제자 辯機로 하여금 이를 받아 적게 하여 그 유명한《大唐西域記》를 완성하였는데, 그가 다른 나라에 유학하면서 보고 들은 것을 전면적으로 기록하였다.

648년: 648년 여름에 현장은 번역을 마친《瑜伽師地論》을 태종에게 헌정하였을 뿐만 아니라, 太宗에게 序를 써주기를 부탁하였다. 태종은 1달여가 걸려 백 권에 달하는 이 긴 불교경전을 통람하고, 친히 700여 자에 달하는《大唐三藏聖教序》라는 서문을 쓰서, "현장법사는 佛門의 領袖: 아침이슬이나 명주처럼 밝게 빛나니, 그 어떤 것도 이에 비할 수가 없도다."고 하였다. 그의 현장에 대한 평가는 실로 대단하였다.

652년: 永徽三年(公元652年), 현장은 장안성내 자은사의 西院에 5층탑을 지으니, 이것이 곧 大雁塔으로, 이 탑에 서역에서 가져온 불경과 불상을 보관하였다. 그는 10여년의 세월 동안 銅川市에 있는 玉華宮에서 약 1220권에 달하는 불경을 한문으로 번역하였다. 현장 본인이 가장 흥미를 느끼는 분야가 "唯識"부분이었다. 이러한 불경들은 훗날 한반도와 월남 및 일본 등으로 전해졌다. 唐高宗 李治도 현장을 대단히 존경한 나머지 일찍이《大唐皇帝述三藏聖教記》를 지었다. 이 序와 記는 모두 唐나라 초기 대서예가였던 褚遂良에 의해 서예작품으로 쓰여져, 653년에 장안 자은사 대안탑 아래에 세워졌는데,《大雁塔教序》라고 불리기도 한다. 이 教序는 훗날 偃師의 招提寺에 있는 王行滿이 쓴《大唐二帝聖教序》·陝西省 大荔에 있는 褚遂良이 쓴《同州聖教序》와 懷仁集에 들어있는 王羲之가 行書로 쓴《集王聖教序》등과 함께 4대《圣教序》로 병칭된다.

657년: 显庆二年(公元 657年)五月, 高宗은 조칙을 내려, "번역을 하려는 經·論 가운데, (지금까지 번역이 된 것이) 없는 경전은 먼저 번역을 하고, 있는 것은 나중에 하도록 하라."고 요구했다. 显庆二年(657年)九月현장은 어가를 모시고 낙양으로 가는 기회를 이용해서, 다시 한 번 더 소림사에 머물기를 원한다고 하면서 "이제 노쇠하여 고향으로 돌아가, 산사에 머물면서 예불과 독송으로 세월을 보내려고 하니, 허락하여 주시옵소서!"하고 요청했다. 고종은 다음 날 바로 거절을 했다. 显庆三年(658年)西明寺로 거처를 옮겼으나, 사소한 일로 방해를 받는 일이 많아, 마침내 玉華寺로 옮겨 불경번역작업에 온 힘을 기울였다. 显庆三年(658年)《大般若經》을 번역하기 시작하였다. 이 경의 梵本은 20만頌으로 이루어져 있는데, 卷帙이 방대하고 복잡하여, 학생들이 删節(줄이다)하기를 요청하였으나, 玄奘은 매우 엄격하여 한자도 删節하지 않았다. 龙朔三年(663年)에 마침내 600권에 달하는 이 대작을 완역하였다.

이후, 玄奘은 심신이 쇠약해지는 것을 느꼈으며, 麟德元年(664年)에《呪五首》1권을 번역한 후 절필을 하였으며, 2월에 세상을 떠났다. 기록에 의하면, 합계 經論 75부 1335卷이며, 그가 번역한 경전을 후세사람들은 新譯이라고 부르고 있다.

그가 구술을 하고 그의 제자 辯機가 받아 적어《大唐西域記》를 완성하였다. 이 책은 高昌國에서부터 서쪽으로 그가 직접 거쳐간 110개국과 그가 들어서 알게 된 28개 이상의 도시·지역·국가의 사정을 기술하고 있는데, 그 내용은 이 들 지역들의 크기와 지리형세·농업·상업·풍속·문예·언어·문자·화폐·국왕·종교 등을 포함하고 있다. 이 책은 중앙아시아·남아시아 지역의 고대사·종교사·中外關係史를 연구하는데 중요한 자료가 되고 있다.[10)]

1. 현장의 불경번역이론

뜻밖에도 宋나라 때 승려 法云이 편찬한《飜譯名義輯》의 첫머리에 周敦義가 紹興, 丁丑년(1157)에 쓴 序文이 들어 있는데, 그 가운데 玄奘의 '五種不飜'의 글이 들어 있다. 이것은 위에서 언급한《大唐西域記》에 나오는 한 문장을 제외한 오늘날 우리가 찾아볼 수 있는 유일한 玄奘의 번역 이론으로, 이 序文 속에 다음과 같이 기록되어 있다.

一. 다라니(眞言, 呪文)같은 말은 번역하지 아니한다. 二. 다의어(多義語: 뜻이 여러 가지인 말)는 번역하지 아니한다. 예를 들면 '薄伽'라는 말은 범어에서 여섯 가지 뜻(自在, 熾盛, 端莊, 名稱, 吉祥, 尊貴)이 있다. 三. 이곳에는 없는 말은 번역하지 아니한다. 예를 들면 중국에는 염부수

10) 2018년 12월 30일 인용. "http//www.baidu.com"에서 玄奘 - 搜狗百科를 인용하여 번역하였음.

(閻浮樹(勝金樹))라는 나무가 없다. 四. 옛날부터 쓰는 관례적인 말은 번역하지 아니한다. 예를 들면 阿耨菩提(正偏知)는 번역하지 못할 것은 아니지만 마등(摩藤) 스님 이래로 항상 범어(梵語)로 쓰여 왔다. 五. 번역하지 않는 것이 더 이로울 때는 번역하지 아니한다. 唐, 玄奘 스님께서는 오종불번(五種不飜: 다섯 가지는 번역하지 아니함.) 이론을 논하셨다. 一. 비밀인 말은 번역하지 아니한다. 예를 들면 반야(般若)라고 하면 장중한 느낌이 들지만 지혜(智慧)라고 하면 뭔가 모르게 다소 가벼운 느낌이 든다. 칠미지작(七迷之作)은 번역하지 아니한다. 석가모니(釋迦牟尼)라는 말은 번역하면 능인(能仁)이라고 번역할 수 있는데 왠지 모르게 주공(周公)이나 공자(孔子)보다도 그 지위가 아래인 것처럼 보인다. 아뇩보리(阿耨菩提)는 정편지(正偏知)라고 번역할 수 있는데 중국 노자의 가르침 중에 무상정진(無上正眞)의 道라는 말과 구별되지 않는 것 같다. 보리살타(菩提薩埵)를 번역하면 대도심중생(大道心衆生: 크게 도심을 낸 사람)이라고 번역을 할 수 있는데 어딘지 모르게 고상해 보이지 않는다. 따라서 모두 덮어 두고(음역을 함.) 번역을 하지 않는다.

玄奘 스님이 이야기한 '不飜(번역을 하지 아니함.)'이란 음역을 한다는 의미이다. 音譯이란 飜譯을 하지 않는 飜譯이다. 그는 구체적으로 다섯 경우에는 번역하지 않는다고 주장하였는데, 그러한 경우란 神秘語, 多義語, 중국에는 없는 사물의 명칭, 이미 통용되고 있는 音譯 및 불교를 선양하기 위하여 꼭 필요한 때 등을 말한다. 예를 들면 반야(般若)라고 하면 장중한 느낌이 들지만, 지혜(智慧)라고 하면 뭔가 모르게 다소 가벼운 느낌이 든다. 석가모니(釋迦牟尼)라는 말은 의역을 하면 능인(能仁)이라고 번역할 수 있는데, 마치 주공(周公)이나 공자(孔子)

보다도 그 지위가 아래인 것처럼 보인다. 아뇩보리(阿耨菩提)는 정편지(正偏知)라고 번역할 수 있는데, 중국의 도교에서 사용하는 용어와 구별하기 어렵다. 보리살타(菩提薩埵)를 번역한 대도심중생(大道心衆生: 크게 도심을 낸 사람)은 어딘지 모르게 고상해 보이지 않는다. 무릇 이러한 명사를 마주치게 되면 모두 당연히 번역하지 않고 음역을 한다.

周敦義가 이 序文을 쓸 당시는 玄奘이 세상을 떠난 후 500년 쯤 지난 뒤였다. 그러나 인용한 이 번역 이론은 믿을 만한 것이다. 전해 내려오는 이야기에 의하면 이러한 '不飜'(번역하지 아니하는)의 번역법은 摩藤 이래로 빈번히 사용되어 왔다. 그는 이론적으로 분류를 하여 제시했을 뿐만 아니라, 이론적으로 이렇게 적절하게 분류를 하기 시작한 것은 玄奘 때부터였다. 이로 미루어 볼 때 玄奘은 확실히 번역 이론 방면의 연구를 하였음에도 불구하고 애석하게도 그 이론의 대부분이 남아 있지 않다.[11]

2. 현장이 설치한 불경번역장(역장제도)

다시 한마디 덧붙이고 싶은 것은 玄奘이 '譯場' 번역 이론 방면에도 공헌을 하였다는 점이다. 중국의 불경 번역은 東漢 시대 이래로 '譯場'의 방식으로 운용하였다. 여러 사람이 모여 서로 협력하며 엄격하게 역할 분담을 하여 불경 번역 작업을 진행하였는데, 玄奘이 운영하던 譯場은 그 이전의 譯場에 비하여 더욱 더 엄밀하고 완벽하였다.

11) 中國譯學理論史稿의 p.42, p.43을 인용하여 번역함.

《續高僧傳》의 기록에 의하면 玄奘의 불경 번역은 아래와 같이 11가지로 그 역할을 분담하였다고 한다.

一. 譯主 : 번역장의 중심 인물로 주 번역인을 말한다. 중국어와 범어에 정통할 뿐만 아니라 불교의 교리에도 깊은 조예가 있어서 어려운 문제가 생기게 되면 판단을 내리고 해결해야 한다.

二. 證義 : 譯主의 조수로 원문과 번역문의 뜻을 심사하고 만약 잘못이 발견되면 譯主와 상의해서 이를 바로 잡는다.

三. 證文 : 證梵本이라고 부르기도 하는데 譯主가 梵本을 낭송할 때 원문과 다른 것이 있는가를 주의 깊게 살펴서 만약 원문과 다른 것이 발견되면 곧바로 지적한다.

四. 度語 : 書字라고도 하는데 범문의 글자 소리에 근거하여 중국어(漢文)로 기록한다.

五. 筆受 : 녹취한 梵音을 원문의 문장법에 따라 기록한다.

六 綴文 : 筆受가 기록한 것을 정리하여 중국어 관습에 부합하도록 만든다.

七. 叅譯 : 이미 교감을 본 원문을 다시 번역문을 사용하여 대조함으로써 원문과 어긋난 곳이 있는지 역으로 교감을 한다.

八. 刊定 : 역문에 대하여 지나치게 길게 늘어진 부분을 삭제하여 문장의 의미를 확정한다.

九. 潤文 : 수사적인 각도에서 번역문에 대하여 潤飾을 한다.

十. 梵唄 : 번역문을 唱하고 朗誦하기를 반복하여 독송하기에 적절하게 만든다.

十一. 監護大使 : 임금의 칙명을 받은 대신이 불경 번역의 전 과정을 감독하고 검열한다.

玄奘 이후의 역장은 더욱 더 발전하고 변화를 거듭하였겠지만 전체적으로 보면 玄奘이 사용하던 방법을 능가하지 못했던 것 같다.[12)]

3. 《大唐西域記》와 《西遊記》

玄奘이 구술하고 辯機가 필사한 《大唐西域記》는 慧立이 《大唐慈恩寺三藏法師傳》에서 이미 상당한 전설과 신화적인 요소가 가미되기 시작하여, 독실한 신도들의 신격화와 상상력이 가미되면서, 민간 구전과 宋代 話本小說 《大唐三藏取经诗话》· 원대 잡극 《西游记平话》·《西游记杂剧》 등 여러 단계를 거쳐 明나라때 오승은이 최종 집대성하여 오늘날 우리가 보는 《西遊記》로 최종 정착되었다.

서유기와 대당서역기는 근본적인 차이점을 보이고 있는데, 서유기는 문학작품이고 대당서역기는 다큐멘터리(사실기록)이다. 서유기의 1회부터 12회까지는 대당서역기에는 전혀 없는 부분으로 1회에서 7회까지는 손오공의 내력 8회는 (第八回 我佛造经传极乐观音奉旨上长安) 부처님께서 불경과 불교사상을 전파하기 위해서 관세음보살을 중국의 수도 장안에 파견하여 불경을 전할 스님을 선발하러 떠난다는 이야기이며, 제9회 (第九回 陈光蕊赴任逢灾江流僧复雠报本) 회하유역에서 전해져 내려오던 전설로 각색이 되어 당삼장법사의 출생의 비밀이 더해져서

12) 中國譯學理論史稿의 p.43, p.44를 인용하여 번역함.

신비감을 더함으로써 소설적 재미를 증가시키는 역할을 한다. 제10회(第十回 老龙王拙计犯天条魏丞相遗书托冥吏) 泾河老龙潭에서 발생한 민간전설이다. 이 전설을 당태종과 관계된 이야기로 각색하여 제11회(第十一回 游地府太宗还魂进瓜果刘全续配) 唐太宗入冥記와 연결하여 제12회(第十二回 唐王秉诚修大会观音显圣化金蝉) 당태종이 水陸大會를 열어 取經法師를 선발하는 이야기를 만들어 내었다. 그 결과 개인적 종교적 염원으로 이루어진 唐僧西行取經故事가 국가가 지원하는 국가중점사업으로 탈바꿈하였다. 더 나아가 제13회부터 제99회까지의 9*9=81난 사건자체가 모두 부처님 원작에 관세음보살 연출의 드라마로 바뀌어져 있다.

또 현장스님 1인의 서유기가 현장·손오공·저팔계·사오정과 용마가 하나의 대오를 이루어 서행하는 서유기로 탈바꿈하였는데, 이는 현장스님이 창시한 법상종(唯識論)의 광범위한 유포로 一切唯心造 사상이 만들어낸 결과로 보인다.

토론

1. 중국 불교사에 있어 어떤 사람들은 鳩摩羅什, 眞諦, 玄奘, 不空(一說에는 義淨) 등 4명을 병칭해서 4대 飜譯大師라고 부른다. 사실 이들 중 가장 특출한 사람은 鳩摩羅什과 玄奘 두 사람이며, 그 가운데서도 玄奘이 더욱 뛰어나다. 佛教史家들은 鳩摩羅什 이전의 불경 번역을 '古譯'이라 하고, 鳩摩羅什 이후의 번역을 '舊譯'이라고 하며, '新譯'이라는 명칭을 玄奘에게 양보하였다. 玄奘은 확실히 중국불경 번역사에 신풍격과 신국면을 열었던

인물이다. 현장스님의 "五種不翻"이라는 번역이론과 그가 시행한 역장제도에 대하여 연구·토론해 보자!

2. 이상적인 번역을 위하여 번역가가 마땅히 갖추어야 할 조건들에 대하여 토론해보자! 종교경전번역과 일반서적번역은 어떻게 차이가 나는가? 일찍부터 범어로 된 불경을 중국어(漢字)로 번역된 불경을 사용한 중국불교와 漢字로된 불경을 들여와 漢譯佛經을 원전처럼 사용한 한국불교의 차이를 설명하고 토론해 보자! 또 기독교의 성경은 한국어로 번역된 성경을 사용한다. 불교와 기독교의 토착화(현지화)의 과정과 그 결과에 대해서도 토론해 보자!
3. 현장스님이 구술을 하고 그의 제자 辯機가 받아 적어《大唐西域記》를 완성하였다. 이 책은 高昌國에서부터 서쪽으로 그가 직접 거쳐간 110개국과 그가 들어서 알게 된 28개 이상의 도시·지역·국가의 사정을 기술하고 있는데, 그 내용은 이 들 지역들의 크기와 지리형세·농업·상업·풍속·문예·언어·문자·화폐·국왕·종교 등을 포함하고 있다. 이 책은 중앙아시아·남아시아 지역의 고대사·종교사·中外關係史를 연구하는데 중요한 자료가 되고 있다.
4. 《大唐西域記》에 등장하는 역사적 인물인 현장스님과《西遊記》라는 소설 속의 인물인 당승(현장스님)에 대하여 비교하고, 소설에서 사용하는 "전형적인 인물의 창조"라는 수법에 대해서 토론하시오!
5. 소설《西遊記》에서 玄奘스님 1인의 서행취경이 삼장법사·손오공·저팔계·사오정 및 龍馬(白馬) 등 취경대오로 바뀌는 과정과

그 의의를 설명하시오!

6. 일반적으로 《西遊記》의 주제를 논할 때, 1.낭만주의소설 · 2.공상과학소설 · 3.종교소설 등으로 분류한다. 그 주장의 근거와 논리를 설명하시오!

제10화

신중국건설의 풍운아 __ 毛澤東

毛泽东(1893~1976): 위대한 마르크스주의자 · 무산계급혁명가 · 전략가이며 이론가이다. 중국공산당과 중화인민해방군 및 중화인민공화국의 창건자이며 지도자이다.

毛泽东生平[13)]

1893년 12월 26일 湖南湘潭의 한 농민가정에서 태어났다. 辛亥革命이 일어난 후 약 반년간 병사로 종군했다.

13) "http//www.baidu.com"의 毛澤東 란에서 발췌 번역한 것임.

1914-1918년, 호남제일사범학교에서 수학했다. 졸업식 전날밤 蔡和森 등과 혁명단체인 新民學會를 조직했다. 5.4운동 전후시기에 마르크스주의에 접촉했고, 1920년 湖南에서 공산주의 조직을 창건했다.

1921년 7월, 중국공산당건당 제1차전국대표대회에 참석한 후, 中共湘區委員會書記에 임명되어, 長沙·安源 등 지역의 노동자운동을 이끌었다. 1923년 중공제3차전국대표자대회에 참석하여 중앙집행위원으로 선출되어, 중앙의 영도공작에 참여하였다. 1924년 국공합작 후, 국민당제1·2차 전국대표대회에서 후보중앙집행위원으로 당선되었으며, 廣州에서 국민당중앙선전부대리부장을 맡아 《政治週報》를 주편하였으며, 제6차 농민운동강습회를 주관하였다. 1926년 11월 중공중앙농민운동위원회서기를 맡았다.

1925년 겨울에서 1927년 봄까지, 차례로 《中国社会各阶级的分析》·《湖南农民运动考察报告》 등의 저서를 발표하여, 농민문제가 중국혁명에서 차지하는 중요지위와 무산계급이 농민투쟁을 영도하는 극단적인 중요성을 지적하여, 陳獨秀의 우경사상을 비판하였다.

국공합작이 완전히 결렬된 1927년 8월 중공중앙의 긴급회의 석상에서, 그는 "정권은 총부리에서 나온다."는 주장을 제기하여, 혁명무장을 통해서 정권을 탈취하자는 주장을 폈으며, 중앙정치국후보위원으로 피선되었다. 회의 후, 그는 湖南·江西 등 지방으로 내려가서 秋收起義 등을 주도했다. 이어서 起義部隊를 이끌고 井剛山으로 올라가서 토지혁명을 시도하여, 최초의 농촌혁명근거지를 세웠다.

1928년, 朱德과 함께 起義부대를 이끌고 군대를 모아서 工農革命軍(그 후 紅軍으로 개칭)제4군을 창설하였다. 그는 黨代表와 前敵委員會書記를 맡고, 朱德은 軍長을 맡았다. 그를 대표로 하는 중국공산당인들은 중국의 현실에서 출발하여 국민당의 통치가 비교적 소홀한 농촌에서 무장투쟁을 발전시켜, 농촌으로 도시를 포위하여 최후에는 도시와 전국적인 정권을 탈취하는 전략을 처음으로 수립하였다. 그는 《중국의 홍색정권이 어떻게 하면 살아남을 수 있는가?》·《작은 불씨 하나가 온 들판을 다 불태울 수 있다.》 등의 문장을 통해 이러한 문제들에 대하여, 이론적으로 논리를 전개하였다.

1930년 5월, 《反對本本主義》를 발표하여, "조사하지 않은 사람은 발언권도 없다."는 유명한 논단을 제기했다. 같은 해 8월, 紅軍 제1방면군이 창설되자, 총정치국원을 맡았다. 1931년 중화소비에트공화국 임시정부가 瑞金에서 세워졌고, 주석으로 선출되었다. 1933년에 중공중앙정치국위원으로 선출되었다. 1930년말부터 시작해서 朱德과 함께 홍1방면군을 이끌고, 국민당군대의 포위공격을 물리치고 싸워 이겼다. 王明을 대표로 하는 좌경노선의 영도집단이 중앙혁명군근거지로 들어온 이후로, 毛澤東을 당과 홍군의 영도집단에서 배척하고, 다른 전략과 정책을 집행하여, 제5차 반포위전쟁에서 실패하고 말았다. 1934년 10월, 홍1방면군 長征에 참가하였다. 長征도중에 1935년 1월 중공중앙정치국은 貴州에서 확대회의(일명 遵義會議)를 개최하고, 毛澤東을 대표로 하는 새로운 중앙집행부를 확립하였다. 10월 중공중앙과 홍1방면군은 陝北에 도착하여, 長征을 끝냈다. 12월 《反對日本帝國主義侵略的策略》이라는 문장을 발표하여 항일민족통일전선정책을 천명하였다. 1936년 10월, 홍4방면군과 홍2방면군이 長征을 거쳐서, 감숙성 경내로 속속 도착하여, 차례로 홍1방면군과 합류하였다. 같은 해 12월, 주은래와 함께 서안사변의 평화적 해결을 촉구하여 내전으로부터 제2차국공합작과 공동항일의 시국으로 전환하는 계기가 되었다. 1936년 12월 《中國革命戰爭的戰略問題》를 발표하였다. 1937년 여름, 《實踐論》과 《矛盾論》을 집필하였다.

항일전쟁이 시작된 후, 그를 수장으로 한 중공중앙은 통일전선중의 독립자주원칙을 굳게 지키면서, 군중들을 동원하여 적의 후방에서 유격전을 전개하여, 수많은 규모가 큰 항일근거지를 만들어 나갔다. 이러한 항일근거지는 대부분 화북지역의 산간지대에 있었으나, 어떤 것들은 河北平原지대나 蘇北平原(강소성북쪽평원지대)지대에도 있었다.

1938년 10월에는 중공에서 확대된 제6차전회에서 "마르크스주의의 중국화"의 원칙을 주장하였다. 항일전쟁시기에 《論持久戰》·《〈共産黨人〉發刊詞》·《新民主主義論》 등 주요이론문장을 발표하였다.

1942년, 전당을 이끌고 정풍운동을 전개하여, 주관주의와 종파주의를 바로잡고, 전당이 한걸음 더 나아가 마르크스주의의 보편적 진리와 중국혁명의 구체적 실천이 서로 결합된 기본 방향을 확립하여 항일전쟁과 전국혁명의 승리를 위한 사상적 기초를 확립하였다.

1943년, 근거지의 군민을 이끌고 생산운동을 전개하여, 엄중한 경제적 궁핍을 이겨나갔다. 같은 해 3월, 중공중앙정치국주석에 피선되었다.

1945년, 중공제7차전국대표자대회를 소집하여《論聯合政府》라는 보고서를 제출하였다. 대회에서 "대담하게 인민을 동원하고, 인민의 역량을 강화하며, 공산당의 영도하에, 일본침략자들을 격퇴하며, 전국의 인민을 해방시켜, 신민주주의의 중국을 건설한다."는 전략을 制定하였다. 毛澤東사상은 이 대회를 계기로 중공의 지도사상으로 확립되었다. 제7차 1중전회부터 1976년 그가 세상을 떠날 때까지 계속해서 중공중앙의 주석을 담임하였다.

항일전쟁의 승리 후, 蔣介石의 공산당박멸과 무장역량의 실현 전략에 대항하여, 그는 "맞서 싸운다."는 전략을 투쟁방침으로 정했다. 1945년 8월 重慶으로 가서 장개석과 담판하고, 중국공산당은 국내의 평화를 바란다는 희망을 표명하였다.

1946년 여름, 장개석이 전면적으로 내전을 발동한 후, 毛澤東은 朱德·周恩來 등과 함께 인민해방군을 이끌고 적극적인 방어에 나서, 우세한 병력을 집중하여 각개 격파로 적군을 섬멸하기 시작했다. 1947년 3월부터 1948년 3월까지 周恩來와 任弼時 등은 陝北지역을 옮겨 다니면서 서북전장과 전국의 전장을 지휘했다. 1947년 여름, 중화인민해방군들은 전략적인 방어에서 전략적인 공격으로 방향을 전환하고, 毛澤東을 중심으로 하는 중공중앙의 영도하에 遼審·淮海·平津 등 3대전투와 1949년 渡江이후의 작전을 거쳐서, 국민당정부를 뒤집어 엎어버렸다.

1949년 3월, 중공제7차 2중전회를 소집하여 중요보고를 통하여 당의 공작중심을 농촌에서 도시로 이동할 것을 결정하고, 당이 전국적인 승리를 거둔 후에 할 기본적인 정책들을 규정하고, 전당이 반드시 겸손하고, 신중하고, 교만하지 않으며, 즉흥적인 행동을 하지 않을 것을 당부하고, 반드시 어려움을 이겨내고 계속해서 분투할 것을 당부했다. 7월 1일《論人民民主專政(프로레탈리아 독재를 논함)》이라는 글을 발표하여, 인민공화국의 성격과 그 대내외의 기본정책을 발표하였다.

1949년 10월 1일, 중화인민공화국이 건립되고 그는 중화인민정부주석으로 당선되었다. 1950년 6월, 중공제7차3중전회를 소집하고 국가제정의 호전을 쟁취하기 위하여 투쟁할 총임무를 제창하였다. 같은 해 10월, 미국군대가 한국전쟁에 참전하여, 중국동북부의 안전을 위협하는 형세에 놓이게 되어, 그를 수장으로 하는 중공중앙은 抗美援朝(미국에 항거하고 조선(북한을 지원하기 위한) 전쟁을 결정하였다. 1950…1952년에 이르는 기간 동안에, 그의 지도하에 토지개혁을 단행하고, 반혁명을 진압하고 기타의 민주개혁을 진행했다. 부정부패반대·낭비반대·관료주의반대 등 3반운동과 뇌물주고받기반대·탈세반대·국가재산편취반대·공사자재절취반대·경제정보절취편취반대 등 5반운동을 펼쳤다. 1953년 그의 건의에 따라, 중공중앙은 당의 과도기의 총 노선을 선포하고, 체계적으로 사회주의공업화와 생산자료사유제의 사회주의개조를 시작하였다. 1954년 제1차 전국인민대표 제1차회의에서 그의 주도로 기초한《중화인민공화국헌법》을 통과시키고, 그는 이 대회에서 제1대 중화인민공화국주석으로 취임하여, 1959년까지 담임하였다.

1956년 4월, 《論十大關係》라는 講話(談話文)를 발표하였는데, 이 담화에서 중국의 현실에 적합한 사회주의 건설의 진로에 대하여 초보적인 탐색을 진행하였다. 이어서 중공중앙정치국확대회의에서 "百花齊放, 百家爭鳴"의 방침을 발표하였다. 1956년, 생산자료의 사회주의개조를 기본적으로 완성하였다. 같은 해 9월, 중공은 제8차 전국대표자대회를 소집하여, 전국인민의 주요임무가 역량을 집중하여 사회생산력을 발전시키는 것으로 바뀌었음을 지적하였다. 그러나 이 방침이 성실하게 집행되지 못함으로써, 이후에 일련의 공작상의 착오와 좌절을 겪게 하는 원인이 되었다. 1957년 2월, 그는 《關于正確處理人民內部矛盾的問題》(인민내부의 모순을 정확하게 처리하는 문제에 대하여)라는 담화문을 발표하여, 사회주의사회에서 적과 아군사이의 모순과 인민내부의 모순이라는 성질이 다른 두 종류의 모순을 정확하게 구분하고 처리하는 학설을 제출했다.

같은 해 7월, "집중적이면서도 민주적이고, 기율이 있으면서도 자유롭고, 통일된 의지가 있으면서도 개인들은 정서적으로 편안하며 생활은 활발한, 그러한 정치국면을 조성할" 것을 원한다는 요구를 발표했다. 1958년 "大躍進運動"과 "農村人民公司運動"을 전개했다. 1959년 廬山會議를 소집하여 주재했다. 그는 본래 지금까지 있었던 사업의 약간의 착오를 바로잡으려고 생각을 하였으나, 회의 후반에 가서 착오적으로 彭德懷에 대한 비판을 전개하여, 회의 후에는 전국적인 "反右傾"투쟁을 전개하였다. 1960년 겨울에서 1965년까지, 그를 중심으로 하는 중공중앙의 영도하에, 국민경제에 "調整·鞏固·充實·提高"의 방침을 실행하고, 초보적이나마 대약진운동과 인민공사운동의 착오를 바로잡아, 국민경제를 비교적 신속하게 회복하고 발전하게 하였다. 이 기간 동안에, 그는 일련의 조치들을 발표하여, 농촌공작과 기타방면의 "左"적 착오들을 바로 잡았다.그러나 1962년 9월 소집된 중공제8차10중전회에서, 그는 사회주의사회에 일정 범위 내에 존재하는 계급투쟁을 확대화·절대화하여, 그가 1957년 반우파투쟁이후 제기한 무산계급과 자산계급간의 모순이 여전히 중국사회에 존재하는 주요모순이라는 관점으로 발전시켰다. 1963~1965년, 농촌과 도시의 사회주의교육운동을 전개하여, 운동의 중점이 소위 말하는 "당내의 자본주의 노선을 걸어가는 당권파"를 정돈하는데 있다고 주장하였다. 50년대부터 시작하여, 그는 중공이 러시아의 지도자들이 신봉하던 대국주의와 중국에 대한 간섭과 통제하려는 기도에 대해 확실하게 투쟁하도록 영도하였다.

1966년, 국내의 계급투쟁의 형세에 대하여 극단적 평가를 내리고, 그는 "文化大革命"운동을 전개하였다. 이 운동은 林彪와 江靑 등 반혁명분자들의 조종을 받아 특별히 광폭하게 변질되었으며, 그가 예상했던 범위를 벗어나고 통제할 수 있는 범위를 벗어나, 10년간이나 계속되어, 중국이 엄중한 파괴와 손실을 입게 되었다. "文化大革命" 중에도 毛澤東은 일련의 구체적 착오에 대해서는 제제를 하고 바로 잡으려 노력하였다. 그는 林彪의 반혁명집단의 투쟁을 분쇄하도록 지도하였으며, 江靑과 長春橋 등이 최고영도권을 탈취하려는 야심이 성공하지 못하도록 제지하였다. 대외정책방면에서는 그는 "三個世界"로 나누는 전략과 중국이 영원히 패권국가가 되지 않겠다는 중요한 사상을 제기했을 뿐만 아니라, 대외공작의 새로운 국면을 타개하여, 중국이 현대화건설을 추진함에 있어 유리한 국면을 창조했다. 1976년 9월, 북경에서 사망했다.

毛澤東이 그의 만년에 매우 중대한 착오를 범하기는 하였으나, 그러나 그의 일생을 되돌아보면, 그가 중국혁명에 끼친 다툼의 여지가 없는 공로는 그의 과실보다는 훨씬 더 크다. 그의 공적이 먼저이고, 그의 과실은 그 다음의 문제다, 따라서 그는 여전히 중국인민들의 숭배와 존경을 받는다. 중국공산당은 그의 서거 5년 후에, 그의 전 혁명활동과 혁명사상에 대하여 중앙위원회결의의 형식으로 전면적인 평가를 내놓았다. 毛澤東사상이란 마르크스주의가 중국에서의 발전을 말하는 것이며, 여전히 중국공산당의 지도사상이 되고 있다. 그의 주요한 저작은 《毛澤東選集》 4권과 《毛澤東文集》 8권에 수록되어 있다.

1) 毛澤東사상

중국공산당의 지도자인 毛澤東이 마르크스-레닌주의를 중국의 현실에 맞게 창조적으로 계승·발전시킨 독자적인 혁명사상이다.

1920년대부터 치열한 혁명투쟁과정에서 형성되기 시작한 毛澤東사상은 정강산[井岡山] 유격투쟁, 장시[江西] 소비에트 임시정부 수립, 대장정(大長征), 국공합작과 항일전, 국공내전, 중화인민공화국 수립, 대약진운동, 문화대혁명 등을 거치면서 완성되었다. 그 내용에는 毛澤東이 전개한 유격전술, 대중조직방법, 토지개혁정책, 민족통일전선의 형성, 신민주주의론, 사상개조운동, 실천론과 모순론, 영구혁명론, 사회제국주의론을 포함하고 있다. 요컨대 毛澤東사상은 마르크스-레닌주의를 반(半)봉건적이고 반식민지적인 후진국 중국사회에 접목시켜 사회주의 및 공산주의를 실현하려는 데서 전술상의 요청으로 나온 혁명이론의 체계라고 할 수 있다.

따라서 毛澤東사상은 마르크스-레닌주의와 구별된다. ① 혁명을 완수하기 위해서는 노동자-농민의 계급동맹을 중심으로 민족자본가까지 포함하는 광범위한 통일전선을 형성하여 농촌을 혁명근거지로 장기간의 유격전을 전개하여야 한다고 보았다. ② 인간의 인식은 생산활동 ·계급투쟁 ·과학실험 등의 실천과정에서 형성되며, 실천을 통하여 이론은 그 정확성이 검증되고 확대된다고 하여 실천을 중시하였다. ③ 모든 사물의 발전과정에는 모순이 존재한다는 마르크스-레닌주의의 변증법을 확대시켜 모순을 적대적 모순과 비적대적 모순으로 구별하고, 사회주의사회에서의 인민 내부의 모순을 비적대적 모순으로 규정하여 그 해결방법으로 비판 ·설득 ·사상개조 ·교육 등을 제시하였다. ④ 자본주의사회가 전복되고 프롤레타리아트의 독재가 수립된 후에도 계급 ·계급적 모순 ·계급투쟁, 사회주의노선과 자본주의노선 간의 투쟁, 자본주의 복구의 위험성이 존재하는데, 이러한 모순은 혁명을 계속함으로써만이 극복될 수 있다고 보았다.

毛澤東사상이라는 용어는 1945년 중국공산당 제7전대회에서 당규약에 삽입되었다가, 그 후 1956년 스탈린격하운동이 시작되면서 그 영향을 받아 중국공산당 제8전대회 때 당규약에서 삭제되었다. 그러나 1966년 5월부터 문화대혁명이 시작되자 毛澤東사상은 당규약뿐만 아니라 헌법서문에까지 삽입되었다. 1976년 毛澤東이 사망하자 문화대혁명에 대한 비판과 함께 4인방이 숙청되면서 毛澤東사상의 권위는 격하되기 시작하였다. 그러나 毛澤東사상에 대한 전면적인 부정은 중국공산당의 정신적 기반을 파괴하는 일이었기 때문에 1955년 이후 毛澤東의 정책(당내의 실용주의 노선을 반대하고 대중노선을 강화하였던 이 정책 이후 毛澤東은 지속적인 계급투쟁을 내세우며 대약진운동 등의 농업집단화 정책을 추진하는 경향을 나타낸다. 이는 중국의 공업화 성장을 오랜 기간 정체하게 만들었다.)과 1966년 이후 문화대혁명만을 비판의 대상으로 삼고, 이 사상의 가치는 그대로 보존되었다. 그럼에도 불구하고 오늘날에는 '4개 현대화'정책의 추진과 함께 毛澤東사상은 이미 과거의 것이 되어가고 있다. 그의 독특한 모순론은 프랑크푸르트학파를 비롯한 네오마르크스주의자들에게 영향을 주었고, 그의 신민주주의론은 제3세계 민족해방인민민주주의혁명론의 형성에 영향을 끼쳤다.[14)]

2) 과학적 체계

毛澤東사상은 풍부한 내용을 포함하고 있다. 아래의 몇 가지 분야에서 毛澤東사상은 독창적인 이론으로 마르크스레닌주의를 발전시켰다.

첫째, 신민민주주의 혁명이다. 毛澤東은 근대중국의 역사와 사회상황에서 출발하여, 중국혁명의 특징과 중국혁명의 법칙을 연구하여, 마르크스레닌주의가 무산계급이 민주혁명 중의 영도권사상에 대하여, 무산계급이 영도하고, 공농연맹을 기초로 하여, 인민대중을 위주로

14) [네이버 지식백과] 毛澤東사상 [Maoism, 毛澤東思想(모택동사상)] (두산백과)

하는, 제국주의·봉건주의와 관료주의에 반대하는 신민주주의이론을 창립하였다.

이 방면을 대표하는 주요저작으로는《中国社会各阶级的分析》·《湖南农民运动考察报告》·《星星之火, 可以燎原》·《新民主主义论》·《论联合政府》등이 있다. 그 기본적인 출발점은 첫째, 중국사회의 각 계급인식, 특히 자산계급에 대해서 정확한 인식을 가져야 한다. 그는 중국의 자산계급은 두 가지로 분류할 수 있다.: 제국주의에 의존하는 대자산계급과 민족자산계급으로 민족자산계급은 혁명요구가 있을 뿐만 아니라 動搖性도 가지고 있다. 무산계급이 영도하는 통일전선은 민족자산계급의 참가를 쟁취하여야 할 뿐만 아니라, 특수한 조건하에서는 대자산계급도 포함시켜서 최대한도로 가장 중요한 적들을 고립시켜야 한다. 둘째, 중국혁명의 주요형식을 정확하게 인식하여야 한다. 그는 중국은 자산계급민주주의가 실현된 적이 없기 때문에, 반동통치계급이 무장역량으로 인민들에게 독재와 공포정치를 행하고 있으므로, 혁명은 다만 장기적 무장투쟁을 주요형식으로 한다. 중국의 무장투쟁은 무산계급이 영도하고 농민을 주체로 하는 혁명전쟁으로, 농촌근거지를 건립하여 장기적 혁명투쟁을 진행하여, 혁명역량을 발전시키고 강화해야 한다. 毛澤東은 다음과 같이 지적했다.: "통일전선과 무장투쟁은 적들과 싸워 이기기 위한 두 개의 기본무기이다." 여기에 당 자체의 건설을 더하여 3개의 주요한 法寶라고 한다. 이것이 바로 중국공산당이 전민족의 영도의 핵심이며, 농촌으로서 도시를 포위하여 최종적으로 전국적 승리를 취득하는 길의 기본적 근거이다. 신민주주의혁명이론은 毛澤東사상이 성숙한 단계에 진입하였음을 나타내는 표지이다.

둘째: 사회주의혁명과 사회주의 건설에 관한 문제이다. 毛澤東과 중국공산당은 신민주주의혁명승리가 창조할 사회주의로 나아가는 과도기에 처한 정치·경제조건하에서 사회주의공업화와 시회주의개조를 동시에 추진할 방침을 채택하여 생산수단의 사유제화를 차근차근 추진할 구체적 정책을 실행하고, 이론과 실천 양방면에서 중국과 같이 전 세계인구의 4분의 1을 점하고 있으며, 경제와 문화가 아직도 낙후된 대국에 사회주의 제도를 건립하는 험난한 임무를 해결하였다. 毛澤東이 주창한 인민내부의 민주와 반동파에 대한 독재를 결합한 것이 人民民主專政(무산계급민주독제)의 이론으로, 마르크스레닌주의의 무산계급독재학설을 풍부하게 만들었다. 사회주의이론이 건립된 이후, 毛澤東은 일련의 전략적 의의가 있는 정확한 사상과 방침을 주장했다. 다음과 같은 내용을 포함한다.: 사회주의사회에도 여전히 모순이 존재하는데, 기본적인 모순은 생산관계와 생산력 간의 모순·상층건축과 경제기초간의 모순으로, 반드시 적군과 아군간의 모순과 인민내부의 모순을 엄격하게 구분하고 정확하게 처리해야 한다는 사상이다. 인민내부에 있어서는 정치적으로 "단결…비평…단결"을 실행하고, 당과 민주당파간의 관계에서는 "장기공존·상호감독"을 실행하고, 과학문화공작에서는 "百花齊放, 百家爭鳴"을 실행하고, 경제공작에 있어서는 "함께 발의를 하여 서로 돌봐주며, 적당하게 서로 안배를 해야 한다."등 일련의 정확한 방침을 주장했다.: 외국의 경험을 기계적으로 도입하는 것에 관하여, 중국은 하나의 거대한 농업국가라는 상황에서 출발하여, 농업을 기반으로 하여, 중공업과 농업·경공업과의 관계를 정확하게 처리하여, 농업과 경공업을 충분히 중시하여, 중국에 맞는 중국공업화의 길로 나아가야한다는 사상이다.: 일체

의 적극적인 인소를 동원하는 문제에 대하여, 소극적인 인소를 적극적인 인소로 바꾸어, 전국 각족 인민들을 단결시켜 사회주의강대국을 건설하고자 하는 사상을 말한다. 이러한 정확한 사상·방침과 주장은 다가올 중국특색이 있는 사회주의건설의 길을 탐색함에 있어 중요한 지도적 의의가 있었다.

셋째, 혁명군대의 건설과 군사전략에 관하여. 毛澤東은 농민을 주요성분으로 하는 혁명군대를 어떻게 건설하여 무산계급성질의·엄격한 기율을 유지하는·인민군중과 긴밀한 연계를 유지하는 신형군대를 만들 것인가 하는 문제를 체계적으로 해결했다. 그는 전심전력으로 인민을 위해 복무하는 것이 군대의 유일한 목적이라고 규정하고, 당이 군을 지휘하는 것이지 군이 당을 지휘하는 것이 아니라는 원칙을 규정하고, 3대기율과 8항목의 주의사항을 제정하여, 정치·경제·군사의 삼대민주의 실행을 강조하고, 관병일치·군민일치·적군와해의 원칙을 실행하고, 군대의 정치공작 방침과 방법을 결론지었다. 《中国革命战争的战略问题》·《抗日游击战争的战略问题》·《论持久战》·《战争和战略问题》 등의 글을 발표하여 중국장기혁명전쟁경험을 결산하여, 인민군대를 건설하기 위한 사상을 체계적으로 주장하고, 인민군대를 골간으로 하여, 광대한 인민군중에 의지하여, 농민근거지를 건설하여, 인민전쟁을 진행한다는 사상을 주장하였다. 그는 혁명군대를 위하여 일련의 인민전쟁의 전략전술을 제정하고, 또 해방전쟁 중에 그 유명한 10대 군사원칙을 만들어 내었다. 이러한 것들은 毛澤東의 마르크스레닌주의군사이론에 대한 대단히 걸출한 공헌이라고 할 수 있다. 건국이후, 그는 반드시 국방을 강화하고, 현대화한 혁명무장력량(해군과 공군 및 기타 기술병과를 포함함)과 현대화한 국방기술(자위를 위한 핵무기 등을 포함함)을 건설하는 등의 중요한 지도사상을 주장하였다.

넷째, 정책과 책략에 관하여: 毛澤東은 혁명투쟁 중의 정책과 책략의 중요성에 대하여 대단히 예리하게 논증하여, 정책과 책략은 당의 생명이며, 혁명정당의 일체 실제행동의 출발점이고 종착역이므로, 반드시 정치형세·계급관계와 실제상황 및 그 변화에 근거해서 당의 정책을 제정해야 하고, 원칙성과 유연성을 결합해야 한다고 주장했다. 대적투쟁과 통일전선공작 등 방면에 대해서도 수많은 중요한 정책과 책략사상들을 발표했다. 그의 이러한 정책과 책략사상 들은 그의 많은 저작들 중에 표현되어 있는데,《目前抗日统一战线中的策略问题》《论政策》《关于目前党的政策中的几个重要问题》《帝国主义和一切反动派是不是真老虎的问题》등의 문장에 집중적으로 표현되어 있다.

다섯째, 정치공작과 문화공작에 관하여: 毛澤東은 "일정한 문화(관념형태의 문화)는 일정한 사회정치·경제의 반영이며, 또 일정한 사회의 정치와 경제에 위대한 영향과 작용을 하게 된다.: 경제는 기초이고 정치는 경제의 집중적 표현"이라는 관점에 근거하여, 수많은 먼 미래를 내다 본 중요한 사상을 주장했다. 사상정치공작은 경제공작과 일체의 공작의 생명선이므로, 정치와 경제의 통일·정치와 기술의 통일·사상적이면서도 전문성이 있도록 하는 방침을 실행할 것. 민족적·과학적·대중적 문화를 발전시킬 문제에 대하여, 百花齊放·百家爭鳴·오래된 것에서 새로운 것을 만들어 내고·옛날의 지혜를 오늘에 유용하도록 적용하고·서양의 것을 중국에 맞게끔 적용하도록 하는 방침을 실행하게 하고: 지식분자들이 혁명에서 중요한 역할을 하게 하는 문제에 대해서는 지식분자들이 노동자·농민들과 서로 결합하게 하고, 사회와 공작실천을 학습하게 하여 무산계급세계관을 수립하게 하는 등의 내용을 담고 있다. 毛澤東의 사상·정치문화 등과 관련된 수많은 저작들 가운데,《在延安文艺座谈会上的讲话》·《纪念白求恩》·《为人民服务》·《愚公移山》 등과 같은 글들은 오늘날까지도 여전히 중요한 의의가 있다.

여섯째, 당의 건설에 관하여: 무산계급은 인구가 아주 적지만 전투력은 강하나, 농민과 기타 소자산계급이 인구의 대다수를 점하고 있는 국가에서 광대한 군중성을 띠는 마르크스주의의 무산계급정당을 건설한다는 것은 대단히 어려운 임무였다. 毛澤東의 건당학설은 이 어려운 문제를 해결하였다. 毛澤東은 사상상의 建黨에 특별히 주의하여, 당원들은 조직상에 입당하는 것뿐만 아니라, 사상적으로도 입당하여, 언제나 무산계급사상개조에 주의하여 각종의 비무산계급사상을 극복하도록 해야 한다고 주장했다. 그는 항상 이론과 실천을 결합하는 태도·인민대중과 긴밀히 연결하는 태도 및 자아비판의 태도는 중국공산당과 기타 어떤 정당과도 구별되는 분명한 차이라고 주장했다. 역사적으로 당내투쟁에 있었던 적이 있는 "잔혹한 투쟁, 무정한 타격"이라는 "左"경적 착오에 대하여, 그는 "일벌백계로, 병을 고쳐 사람을 구한다."는 정확한 방침을 주장하고, 더 나아가 비평과 자아비판을 통하여 마르크스레닌주의의 사상교육을 진행한다는 整風형식을 창조했다. 건국전야와 건국 후에, 중국공산당이 전국정권을 영도하는 정당이 된다는 사실에 비추어, 毛澤東은 여러 차례 동지들이 계속해서 겸손하고 근신하며·교만을 경계하고 함부로 행동하지 않고·애써 노력하는 태도를 견지해줄 것을 당부하고, 자산계급사상의 침투를 경계하고, 군중에서 이탈하는 관료주의에 반대할 것을 주장하였다. 이러한 중요한 사상은 마르크스주의 건당이론을 풍부하게 하였을 뿐만 아니라, 중국공산당의 건설에 정확한 방향을 제시하였다.

毛澤東사상의 살아있는 영혼은 상술한 각 이론의 입장·관점과 방법 등에 꿰뚫고 있으며, 實事求是·群衆路線·獨立自主 등 3개 방면에 반영되어 있다. 모의와 역사유물주의 무산계급정당의 전 공작에 운용되어, 중국혁명의 장기간에 걸친 험난한 투쟁 중에 중국특색이 있는 이러한 입장·관점과 방법을 형성하여, 마르크스레닌주의를 풍부하게 하고 발전시켰다. 그들은 毛澤東의 전 과학적 저작 가운데 표현되어 있을 뿐만 아니라, 중국공산당 사람들의 혁명활동 중에도 표현되어져 있다.

토론

1 정통마르크스레닌주의와 毛澤東의 신민주주의의 차이점을 논하시오!
   毛澤東은 수도 없이 많은 저서를 내었지만 그의 사상의 밑바탕에 일관되게 흐르고 있는 핵심 사상은 실천론·모순론·신민주주의론 등 사상이라고 할 수 있다.
2. 毛澤東의 신민주주의론은 구민주주의론에 대한 반론이다. 구민민주주의는 무엇을 가리키며, 그 차이점은 무엇인지 토론해보자. 혁명 전부터 후까지의 毛澤東시대에 있어서는, 주요 모순은 "무산계급과 자본가계급의 모순"에 있었다. 혁명이 달성될 때까지는, 자본가 계급을 대표하는 국민당 정부에 대해 무산계급을 이끄는 공산당군이 내전을 벌였으므로, 그 주요 모순 속에서 자본가 계급이 지배적이고 무산계급은 종속적인 위치에

있었다. 혁명이 성공해 공화국이 건국 되어, 양자의 입장이 역전 되어, 무산계급이 지배적으로, 자본가 계급이 종속적이 되었다고는 해도, 여전히 자본가 계급은 일소된 것은 아니고, 언제 다시 부활해 반혁명을 기도할지 모르는 상태이기 때문에, 혁명후가 되었어도 당분간은 계속해 주요 모순은 "무산계급과 자본가계급의 모순"에 있었던 것이다. 손문에 의해 창제되고, 장개석에 의해 계승·발전된 삼민주의를 半封建·半殖民상태로 규정하고, 毛澤東 자신이 주장한 反封建·反殖民·反帝國主義 의 사회주의를 신민주주의라고 불렀다.

3. 1976년 毛澤東이 사망하자 문화대혁명에 대한 비판과 함께 4인방이 숙청되면서 毛澤東사상의 권위는 격하되기 시작하였다. 그러나 毛澤東사상에 대한 전면적인 부정은 중국공산당의 정신적 기반을 파괴하는 일이었기 때문에 1955년 이후 毛澤東의 정책과 1966년 이후 문화대혁명만을 비판의 대상으로 삼고, 이 사상의 가치는 그대로 보존되었다.

   鄧小平은 역사의 문제에 대한 결의에서 毛澤東을 종합평가하면서 功7 過3으로 평가하면서 毛澤東주의를 계승할 것을 주장하였다. 毛澤東의 공과 과에 대해서 토론해 보자!

4. 대약진운동과 문화대혁명은 참담한 실패로 막을 내렸다. 이는 毛澤東이 파괴에는 성공하였지만 창업에는 실패하였음을 나타낸다. 다른 모든 공산주의자들과 국가도 매우 효과적으로 기존의 질서를 파괴하는데는 성공하였지만 신질서를 수립하는 데는 참담한 실패를 거듭하였다. 대약진운동과 문화대혁명을 분석하고 그 실패의 원인을 토론해보자!

5. 영구혁명론 및 적대적모순과 비적대적모순에 대하여 토론해보자! 毛澤東사상의 입구에 해당하는 "실천론 · 모순론"에서는, 한 사물이 어떤 단계에 있고, 어디에서 어디로 향해 운동해 발전하려고 하고 있는 지를 파악할 경우의 핵심적 개념은 "주요모순"이다. 영구혁명론은 이미 혁명에 성공하였다 하더라도 여전히 내부모순이 존재하므로 영구적으로 혁명운동은 계속되어야 한다는 것이다. 아군과 적군사이의 모순은 적대적 모순으로 인민민주전정을 실시하여야 하지만, 인민내부의 모순은 비적대적모순으로 "단결…비판…단결"로 풀어야 한다는 것이다. 이론적으로는 대단히 훌륭해 보이지만 실천은 대단히 어렵다.

제11화

개혁개방의 전도사 __ 鄧小平

邓小平(1904~1997)은 四川广安人으로, 1904年8月22日태어났다. 原名은 邓先圣이었으며, 学名은 邓希贤이었다. 전당과 전군 및 전국 각 민족의 인민들이 공인하는 신망이 두터운 위대한 지도자였으며, 위대한 마르크스주의자였고, 위대한 무산계급혁명가·정치가·군사가·외교가이자, 오랜 시련을 견뎌낸 공산주의전사이었다. 중국사회주의 개혁개방과 현대화건설의 총설계자이며, 중국특색이 있는 사회주의의 창시자이며, 鄧小平이론의 주요한 창립자이다.

鄧小平은 勤工儉學 유학생으로 프랑스에 유학하고, 귀국 후에는 전심전력으로 당이 영도하는 민족독립과 인민해방을 쟁취하기 위한 투쟁에 투신하였다. 토지혁명·항일전쟁에서부터 해방전쟁에 이르기까지 차례로 당과 군의 수많은 중요한 지도직책을 담당하여, 당중앙의 일련의 중대한 전략정책의 실시를 위해, 신민주주의혁명의 승리와 신중국의 탄생을 위해 혁혁한 공을 세워, 중화인민공화국의 개국공신이 되었다.

그가 주도한 "개혁개방"과 "일국양제"의 정책이념은 20세기 후반부의 중국을 바꾸어 놓았으며, 세계에도 큰 영향을 미쳤다. 이로 인하여 두 차례 《時代週刊(타임지)》의 "올해의 정치인"에 당선되었다.

鄧小平生平[15)]

어린시절

1904년 8월 22일, 사천성 광안현 협흥향 牌坊村에서 태어났다. 원명은 邓先圣이었다.

1909년, 私塾(서당)에 들어가 공부를 시작했다. 學名은 邓希贤이었다.

1910년, 협흥향 초급소학에 입학했다.

1915년, 廣安縣 고등소학에 입학했다.

1918년, 廣安縣立 중학교에 입학했다.

1919년 가을, 중경에 있는 勤工儉學 프랑스유학예비학교에 시험을 봐서 합격했다.

1920년 10월, 프랑스에 도착해서, 얼마 지나지 않아 노르망디에 있는 巴耶남자중학에서 공부했다.

---

15) 인물생평은 "http//www.baidu.com"의 鄧小平 란에서 발췌 번역한 것임.

1921년 4월, 克鲁梭市에 있는 施奈德제철공장에 가서 轧钢工으로 일했다. 월말에 일을 집어치우고 파리로 갔다. 7월 하순에 중국공산당이 창립되었다. 10월에 香布朗工厂에 들어가 노동을 하였으나, 2주일 후에 해고당했다.

1922년 2월, 哈金森橡胶厂(고무공장)에 들어가 노동하였다. 1922년 여름에 중국소년공산당유럽여행단에 참가하였다.(다음해에 유럽여행중국사회주의청년단으로 개명하고, 중국사회주의청년유럽여행지부라고 부르기도 하였다.)

1923년 여름, 유럽여행공산주의청년단사업에 참여하여, 직업혁명가의 생애를 시작하였다.

1924년, 유럽여행공산주의청년단의 기간지인《赤光》의 편집공자에 참여했다. 7월에 유럽여행공산주의청년단집행위원회서기국위원에 당선되었으며, 동시에 중국공산당원으로 가입되었다.

1925년 봄, 중공유럽여행지부里昂지구특파원으로 임명되었다. 6월부터 9월까지 중국인프랑스여행단을 조직하여 여러 차례 거행된 国内五卅反帝运动을 성원하는 시위와 집회에 참여하였다. 11월 르노자동차에 들어가 철판 절단공으로 일했다.

1926년 1월 17일, 鄧小平은 처음으로 러시아의 땅을 밟았다. 중국공산당모스크바지부 대표들의 안내로 모스크바동방대학에 입학신청을 했으나, 동방노동자공산주의대학에 겨우 12일을 머물다, 鄧小平은 모스크바중산대학으로 전학을 하였다.

토지혁명시기

1927년 봄, 소련을 떠나 귀국하였다. 중공으로부터 파견되어 馮玉祥의 국민연군소속 西安中山軍事學校에 가서 정치처처장에 임명되었으며 학교중공조직의 서기를 맡았다.
제1차국공합작이 결렬된 후, 鄧小平으로 개명하였다. 8월 7일 武漢에서 중공중앙긴급회의에 참석하였다. 년 말에 중앙기관을 따라 상해로 옮겨갔다.

1928~1929년, 중공중앙비서장을 맡았다.

1929년 여름, 중앙대표의 자격으로 廣西로 가서 起義를 영도했으며, 이름을 鄧斌으로 바꾸었다. 張雲逸등과 함께 12월과 다음해 2월에 白色起義와 龍州起義를 일으키고 中國工農紅軍 제7·8군과左江·右江근거지를 창건하고, 홍7군·홍8군의 정치위원과 전적위원회서기를 맡았다.

1931년 여름, 강서중앙근거지로 가서, 차례로 中共瑞金縣委서기·會昌中心縣委서기·江西省委선전부장 등을 맡았다.

1933년 5월, 좌경노선의 공격을 받아, 모든 직책에서 물러나, 당내 “최후의 엄중 경고”를 받아, 樂安縣南村으로 가서 순시원을 했다. 얼마 지나지 않아, 홍군정치부비서장으로 옮겨 갔다.

1934년 10월, 中央紅軍을 따라 長征에 참여했다. 중공중앙비서장에 임명됐다.

1935년 1월, 貴州 遵義에서 소집된 중공중앙정치국확대회의에 참가했다. 회의에서 毛澤東을 대표로 하는 새로운 중앙의 정확한 영도를 확립했다. 6월 홍1군단정치선전부장에 임명되었다. 10

월, 홍군장정대가 陝北에 도착했다.

1936년 5월, 홍1군단정치부부주임에 임명됐다. 그 후 주임이 되었다. 8월에는 홍군총정치부에 주관하는 《紅星》을 주편했다.

항일전쟁시기

항일전쟁이 폭발한 후, 국민혁명군제8로군정치부부주임을 맡았다.

1938년 1월, 8로군 129사단 정치위원에 임명되었다. 사단장 劉伯蠅과 함께 太行山區에서 晉·冀·豫 변방구 항일근거지를 마련했다. 9월11일, 延安에서 소집된 중공확대제6차6중전회에 참석했다. 회의에서는 항일통일전선을 끊임없이 공고히 하고 확대해 나갈 것을 확정하고, 당의 독립자주지를 넓혀나가고 인민들을 조직하여 항일무장투쟁을 하는 방침을 확정했다. 회의에서 지방공작에 대한 보고를 했다.

1939년 7월 3일, 연안에서 소집된 중공중앙정치국확대회의에 참석했다. 9일 卓林과 결혼하여 함께 태행산으로 돌아왔다.

1940년 8월 12일, 백단대전에 참여하여 지휘했다. 백단대전은 8로군이 화북지역에서 일으킨 첫 번째 규모가 가장 큰 전략적 성격을 띤 대일본군 진공작전이었다.

1941년 4월 15일, 《黨與抗日民主政權》이라는 문장을 발표하여 중국공산당이 항일민주정권을 수립하는 문제에 대한 기본이론과 정책을 천명하였다.

1942년 9월, 중공중앙북방국태행분국서기를 겸임하였다.

1943년 10월 6일, 중공중앙북방국과 태행분국이 합병하였다. 중공중앙북방국서기를 대리하여 8로군총부의 공작을 주관하여, 험난한 조건하에서도 화북지역의 적 후방의 항일근거지당정군의 전면공작을 영도하는 임무를 담당하였다.

1945년, 중공제7차전국대표대회에서 중앙위원으로 당선되었다. 8월, 일본이 항복을 선언하였다. 이때, 劉伯承 과 함께 이끌었던 항일근거지는 太行·太岳·冀魯豫·冀南 등 4개 지역으로 확대되어 있었다.

해방전쟁시기

해반전쟁시기에 中國人民解放軍晋冀魯豫야전군·中原야전군·제2야전군 정치위원·晋冀鲁豫中央局서기와 중원국·華東局서기를 역임했다.

1945년 9월~11월, 刘伯承과 함께 상당전역과 한단전역을 이끌었다.

1946년 6월, 장개석이 대규모로 中原解放區로 공격해, 전면내전이 시작되었다. 8월에서 다음해 1월까지 刘伯承과 함께 陇海·定陶·鄄城·滑县·钜(野)金(台)鱼(乡) 등의 전투를 조직하여 이끌었다.

1947년 5월, 중공중앙중원국서기에 임명되었다. 6월 30일 刘伯承과 함께 晋冀鲁豫野战军의 주력부대를 이끌고, 魯西南전투를 일으켜, 人民解放軍의 전국적 전략진공의 서막을 열었다. 8월 刘伯承과 함께 야전군의 주력부대를 이끌고서 천리를 진군하여 大別山地區로 약진하였다. 국민당의 주력부대가 포위공격을 감행하는 가운데서도 大別山전투를 지켜내어, 전선을 장강북안까지 확대하여, 중원지역에 튼튼한 교두보를 확보하였다.

1948년 5월 9일, 중공중앙중원국제1서기·중원군구 및 중원야전군 정치위원에 임명되었다. 5월, 刘伯承과 함께 宛东전투를 일으켰다. 7월에는 刘伯承과 함께 襄樊전투를 일으켰다. 9월부터 다음해 1월까지 인민해방군은 辽沈战役·淮海战役·平津战役을 수행하여 장개석이 그의 반동정치를 이어갈 수 있도록 뒷받침하던 군사력량을 쳐부쉈다. 11월 16일, 중공중앙군위는 刘伯承·陈毅·邓小平·粟裕·谭震林 등으로 總前委를 구성하고, 鄧小平을 서기로 임명하여, 淮海전투를 지휘하게 하였다. 淮海전투에서 국민당군 55만명을 괴멸시켰다.

1949년 2월 5일, 중원야전군을 제2야전군으로 개편하고. 鄧小平을 정치위원으로 임명하였다. 3월, 중공제7차2중전회에 참가한 후, 중공중앙화동국제1서기에 임명되었다. 3월 3일, 總前委를 위하여 《京沪杭战役实施纲要》를 기초하였다. 4월에서 5월, 刘伯承·陈毅等과 함께 渡江전투를 감행하여, 남경·상해 및 강소성·안휘성·절강성·강서성·복건성 등 광대한 지역을 해방시켰다.

건국초기

1949년 9월 30일, 중국인민정치협상회의 제1차회의에서 중앙인민정부위원으로 선출되었다. 10월 1일, 중화인민공화국개국기념식에 참석하였다. 10월 19일, 중앙인민정부위원회 제3차회의에서 중국인민혁명군사위원회위원으로 임명되었다. 10월 12일, 刘伯承과 함께 부댈르 이끌고 사남으로 진군하여 사천·운남·귀주 등을 해방시켰다.

1950년 2월 22일, 서남군구정치위원에 임명되었다. 이 해에, 토지개혁을 단행하고, 토비들을 몰아내고, 정원을 공고히 하여 생산을 회복하고 발전시켰다.

1951년 군대를 이끌고 西藏(티벳)으로 진군하여 공작을 담당하였다. 西藏(티벳)이 평화적으로 해방되었다.

1952년 7월, 중앙으로 전보되어, 중앙인민정부정무원(1954년 국무원으로 개칭됨)부총리 겸 재경위원회부주임으로 임명되었다. 그 후 다시 정무원교통판공실주임과 재정부부장을 역임하였다.

1954년 4월, 중공중앙비서장과 조직부부장에 임명되었다. 9월, 국무원부총리·국방위원회부주석·중공중앙군사위원회위원 등에 임명되었다.

1955년 3월, 중국공산당전국대표회의에서, 중앙을 대표해서《关于高岗·饶漱石反党联盟的报告》를 했다.4월, 중공제7차 5중전회에서, 중앙정치국위원으로 선출되었다.

1956년 9월, 중공제8차전국대표대회에서, 당장을 개정하는 보고를 하였다. 제8차1중전회에서중앙정치국위원·중앙정치국상무위원·중앙서기처총서기 등에 선출되어, 毛澤東을 핵심으로 하는 중국공산당제1대영도집체의 중요성원이 되었다.

1957년 11월, 毛澤東이 이끄는 중국당정대표단을 따라서 소련을 방문하여, 10월혁명 40주년 경축대회와 각국공산당과 공인당대표회의에 참석했다.

1958년 8월, 중공중앙정치국이 北戴河에서 거행하는 확대회의에 참석하였다. 회의에서《关于在农村建立人民公社问题的决议》를 제출하였다. 9월부터 11월까지, 黑龙江·吉林·辽宁·广

西·云南·贵州·四川等地를 시찰하였다. 11월에서 12월까지 무창에서 소집된 중공제8차6중전회에 참석하여 인민공사에 관한 약간의 문제에 대한 결의를 제안설명하였다.

1959년 9월, 중공중앙군사위원회상무위원에 임명되었다.

1960년 10월~12월, 劉少奇가 이끄는 중국당정대표단과 함께 소련 모스크바에서 열리는 10월혁명43주년경축대회와 81개 국가 공산당과 공인당대표회의에 참석했다.

1961년 8월~9월, 중공중앙이 소집한 여산에서 개최된 공작회의에 참석했다.

1962년 2월 6일, 확대된 중앙공작회의(또 7천인대회라고 부르기도 함)에서 담화를 발표하고, 당의 혁명전통을 더욱 발전시키고, 민주집중제를 강화할 것을 강조했다.

1963년 7월, 중국공산당대표단을 이끌고 모스크바로 가서, 소련공산당대표단과 회담을 하고, 중국공산당의 독립자주원칙을 간고하게 지켰다.

1965년 3월, 江青 등이 문예계인사와 문예작품에 대한 착오적 비판에 대하여, 소집하고 주관한 중앙서기처회의에서 신랄한 비평을 가했다. 중앙서기처총서기로 재임하는 10년 동안에, 중앙주석·부주석 등과 중앙의 일상공작에 협조하고, 사회주의제도의 건립과 발전을 위하여 중국의 사정에 적합한 사회주의 노선을 탐색하기 위하여 효과적으로 탁월한 공작을 진행하였다.

문혁시기

1966년 5월, "문화대혁명"이 시작되었다. 얼마 지나지 않아, 착오적 비판과 투쟁을 받아, 모든 직책에서 쫓겨났다.

1969년~1973년, 下放되어 江西省 新建縣의 경운기수리공장에서 노동자로 일했다.

1972년 8월 3일, 毛澤東에게 편지를 보내, 몇 년 동안이라도 당과 국가를 위해 일하기를 희망하였다. 毛澤東은 鄧小平의 역사적 공적을 인정하는 批示(의견)을 내었다.

1973년 3월 10일, 중공중앙은 《关于恢复邓小平同志的党组织生活和国务院副总理的职务的决定》(鄧小平 동지의 당조직생활과 국무원 부총이의 직무를 회복하기 위한 결의)를 하였다. 8월에는 중국공산당 제10차 전국대표대회에서 중앙위원에 당선되었다. 12월에는 중공중앙의 결정에 의하여 중앙정치국위원·중앙군위위원에 임명되었다.

1974년 4월, 중국정부를 대표하여, 유엔 제6차 특별회의에 참석하여, 毛澤東이 제3세계로 나누는 분류이론에 대하여 상세하게 설명하였다.

1975년 1월, 중공중앙부주석·국무원부총리·중앙군위부주석과 중국인민해방군총참모장에 임명되었다. 주은래의 병이 위독하게 되자, 毛澤東의 지지하에, 그는 당·국가와 군대의 일상업무를 주관하여, 문화대혁명이 초래한 혼란국면에 대하여 전면적인 정돈작업을 진행하여, 전국인민들의 진심어린 지지를 받아, 현저한 효과를 거두었다.

1976년 4월, 북경에서 주은래총리를 추도하고. 鄧小平을 옹호하고, "四人幇"을 반대하는 "天安門事件"이 발생하여, 일체의 공직에서 물러났다.

1976년 10월, "四人幇"이 분쇄되자, "文化大革命"이 끝났다.

또 다시 정계에 등장하다.

1977년 4월 10일, 중공중앙에 서신을 보내어, 반드시 대대세세로 정확하고 완전한 毛澤東사상으로 전당·전군·전국인민을 지도할 것을 주장하였다. 중공중앙은 이 서신을 비준하여, 鄧小平의 의견을 긍정하였다. 5월 24일, 중공중앙의 책임 있는 당사자 두 사람과 담화형식으로, "两个凡是"(곧, 무릇 毛澤東주석이 제출한 정책은 옳으니, 우리 모두가 절대적으로 옹호하여야 하며, 무릇 毛澤東주석이 지시한 사항은 모두 옳으니, 우리 모두는 처음부터 끝까지 어긋남이 없이 따라야 한다.)가 마르크스주의에 부합하지 아니하므로, 반드시 당내 새로운 분위기를 조성하여, 지식을 존중하고, 인재를 존중하여야 한다고 주장하였다.

1977년 7월, 중공제11차 3중전회는 鄧小平의 당·정·군의 영도직무를 회복하였다. 鄧小平은 회의석상에서 담화를 발표하여, 완전하고 정확하게 毛澤東사상을 이해할 것을 주장하였다. 군중노선과 實事求是는 毛澤東이 창시하고 지도한 가장 근본적인 것이라고 주장하였다.

1977년 8월, 중공중앙제11차전국대표대회에서, 鄧小平은 중공중앙 부주석에 당선되었다. 8월 9일 여러 차례 좌담회를 소집하여, 과학과·교육을 강력하게 시행하지 않으면 희망이 없다고 강조하였다. 과학과 교육전선의 혼란을 바로잡고 질서를 유지하도록 영도하고 추진하였다.

1978년 3월, 중국인민정치협상회의제5차전국위원회주석에 당선되었다. 그는 우선 사상노선의 혼란을 바로잡고 질서를 유지하도록 추진하고, "两个凡是"라는 착오적 방침에 반대하여, 진리표준문제에 대한 토론을 전개할 것을 영도하고 지지하여, 반드시 毛澤東사상을 완정하고 정확하게 이해할 것을 주장하였다. 그는 그밖에도 가장 빠른 시일 내에 전당의 중점사업을 경제건설로 전환할 것을 주장하였다.

개혁개방시기

1978년 12월, 중공제11차3중전회를 소집하여, 중국의 개혁개방과 역량을 집중하여 사회주의현대화건설을 진행하는 신시대를 열었다. 그는 이 회의석상에서 중국공산당정책의 역사적전변에 결정적 역할을 하였다. 이 회의를 위하여 준비하던 중국공작회의에서, 그는《解放思想·实事求是, 团结一致向前看》(사상을 해방하고 실사구시를 행하여 일치단결하여 전진하자!)라는 담화를 발표하였다. 이 회의를 통하여 그를 핵심으로 하는 중국공산당제2대 영도집단체제가 형성되었다.

1979년 1월 28일~2월 6일, 중국과 미국이 정식으로 외교관계를 수립한 후 미국을 방문했다. 이 방문은 신중국의 지도자가 맨 처음으로 미국을 방문하는 것이었다.

1980년 9월, 국무원부총리직에서 물러났다.

1981년 6월, 중공제11차6중전회에서 鄧小平이 주관하여 기초한

《关于建国以来党的若干历史问题的决议》(건국이래당의 약간의 역사문제에 대한 결의)를 통과시켰다. 이 결의는 "文化大革命"을 철저하게 부정하고, 毛澤東의 역사적 지위를 전면적으로 평가하여, 반드시 毛澤東사상을 견지하고 발전시켜 나가야 한다고 주장하였다. 이 회의에서 鄧小平은 중앙군위주석으로 선출되었다.

1982년 9월, 중공제12차전국대표대회가 소집되었는데, 그는 개막연설에서 "마르크스주의의 보편진리를 우리나라(중국)의 구체적 현실과 결합하여, 자신의 길을 걸어가, 중국특색이 있는 사회주의를 건설하자."고 주장하였다.

1982년 9월 12일-13일, 중공제12차1중전회를 소집하여 鄧小平을 중앙정치국상무위원에 선출하고, 중앙군위주석에 임명하였다. 9월 13일 중공중앙고문위원회 제1차 전체회의에서 중앙고문위원회주임으로 당선되었다. 9월 24일 영국수상 대처부인을 접견하고 중국의 홍콩문제에 대한 기본입장을 천명하고, 이후에 있을 중영양국담판의 기조를 결정하였다.

1983년 6월, 제6차전인대제1차회의에서 중화인민공화국중앙군사위원회주석으로 선출되었다.

1984년 10월 1일, 중화인민공화국건립35주년경축대회에서 부대를 검열하고 연설을 하였다. 12월 9일, 중영양국정부 홍콩문제에 대한 연합성명서명식에 참석하였다.

1985년 6월 4일, 중앙군위 확대회의에서, 중국정부는 군대 100만명을 감군할 것을 선포하고, 또 중공제11차 3중전회이후의 국제형세판단과 대외정책의 두 가지 중요한 변화에 대하여 설명하였다.

1986년 3월 5일, 4명의 과학자가 제출한 세계첨단기술발전을 쫓아갈 것을 건의한 건의서에 "이 건의는 매우 중요해서 늦출 수 없음"하고 비준을 했다. 11월 중공중앙·국무원은《高技术研究发展计划纲要》이라는 문서를 비준하였다. 줄여서 863계획이라고 부른다.

1987년 1월~3월, 1986년 일부 대학의 소수 학생들이 소요를 일으킨 것에 대해 여러 차례 담화를 발표하여 4항의 기본원칙을 강화하여 교육할 것을 주장하고, 자산계급자유화에 대하여 반대를 분명히 하였다. 지도자들에게 질서 있게 사회주의 건설을 진행할 것을 요구하였다.

1987년 4월 13일, 중국 · 포르투칼 양국이 마카오문제에 대한 연합성명을 체결하는 의식에 참석하였다. 11월 중공 제13차 1중전회의 결정에 근거하여, 중앙군사위주석에 취임하였다.

1989년 4월, 북경에서 발생한 動亂에 대하여 두 차례에 걸쳐 담화를 발표하고, 중공중앙정치국상위회의에서 동란을 진압하고 정세를 안정시킬 것에 대한 결정에 대하여 완전한 찬성과 지지를 표명하고, 동란에 반대하는 입장을 분명하게 주장하였다. 5월 16일, 소련최고소비에트주석단주석·소련공산당중앙총서기 고르바쵸프를 접견한 후, 중소관계의 정상화를 선포하였다. 6월 9일, 수도계엄부대의 군 이상급 간부를 접견하고, 중요한 담화를 발표하여, 사건이 발생한 후, 냉정하게 당의 과거와 미래를 생각해 볼 때, 당의 "一个中心·两个基本点"(당의 하나의 중심, 두 개의 기본점)이라는 기본노선과 제11차3중전회이래 제정된 일련의 방침·정책 및 개혁개방·"三部曲"을 포함한 발전전략목표가 모두 틀림이 없으며, 앞으로도 계속해서 조금도 흔들림이 없이 견지해나갈 것임을 주장하였다. 6월, 중국공산당은 제13차 4중전회를 소집하여, 강택민을 중앙위원회총서기로 선출하였다.

1989년 11월, 중공제13차5중전회에서 그가 최후로 맡고 있었던 중앙군사위원회주석 자리에서 물러났다.

1990년 3월, 제7차전국인민대표대회에서 鄧小平이 중화인민공화국 중앙군사위원회주석직에서 사임하는 것을 승인하였다.

남방시찰

1991년 1월~2월, 상해를 시찰하였다. 상행의 책임자들과 대담을 하면서 더 가열차게 浦東지역을 개발하되, 조금도 동요함이 없이, 곧 바로 건설할 것을 주장하면서, 상해의 인민들이 사상은 더욱 해방적이어야 하고, 배포는 더욱더 대담해야 하며, 발걸음은 더욱더 빨라지기를 희망했다.

1992년 1월~2월, 武昌·深圳·珠海·上海 등을 시찰하고 중요한 담화를 발표하여, 국제국내형세를 분석한 후, 제11차 3중전회이래 당의 기본실천과 기본경험을 결산하여, 늘 사람들의 사상을 괴롭히고 속박하는 수많은 중대한 인식문제에 대하여 명확하게 답변했다. 10월에 중국공산당은 제14차전국대표대회를 소집하였다. 회의에서 경제체제개혁의 목표는 사회주의시장경제체제을 건립하는 것이며, 鄧小平의 중국특색이 있는 사회주의를 건설하자는 이론으로 전당을 무장해야 한다는 전략임무를 주창했다. 이번의 담화와 중공제14차대회를 기점으로, 중국의 개혁 개방과 현대화건설은 새로운 단계로 진입하였다.

1993년 11월 2일, 《邓小平文选》第三卷이 출판·발행되었다. 중공중앙은 《邓小平文选》第三卷을 학습하는 보고회를 거행하였으며, 강택민은 중요한 담화문을 발표하였다.

1994년 11월 2일, 《邓小平文选(1938–1965年)》·《邓小平文选(1975–1982)》을 수정·보완하여, 《邓小平文选》第一卷·第二卷 개칭하여 출판·발행하였다.

위인이 세상을 떠나다.

1997년, 소집된 중공 제15차 전국대표대회 중국특색이 있는 사회주의를 건설한다는 이론을 개괄적으로 鄧小平이론으로 명명하였으며, 이 이론은 중국의 마르크스주의이며, 마르크스주가 중국에서 발전한 새로운 단계라고 주장하고, 黨章 중에 명확하게 중국공산당은 마르크스주의·毛澤東사상·鄧小平이론 등을 자신들의 행동지남(지침)으로 삼는다고 규정하였다.

1997년 2월 19일, 북경애서 세상을 떠나니, 향년 93세였다.

1) 鄧小平이론의 출발점…사회주의초급단계론

사회주의 초급단계 : 마르크스의 유물론적 변증법에 의하면 사회는 모순에 의하여 정-반-합으로 즉 변증법적으로 발전하는데, 원시공산사회 - 고대노예제사회 - 중세봉건사회 - 자본주의사회 - 공산주의사

회, 이 5단계가 마르크스가 이야기한 역사 발전 5단계, 또는 경제 발전 5단계이다. 현 단계에서의 모순은 "나날이 증가하는 인민들의 물질적·문화적 요구와 이것을 충족시켜주지 못하는 낙후된 생산력 사이의 모순"이라 진단을 하고, 이에 근거하여 사회주의 초급단계론을 주장하게 된다.

사회주의 초급단계론은 중국이 본격화하고 있는 개혁개방의 이론적 발판이자 또 이의 합리화를 위한 대표적인 이론이라 할 수 있다. 이 사회주의 초급단계론은 역사적 발전단계에 비추어 볼 때 중국이 현재 낙후되어 있고 빈곤을 벗어나지 못 한 사회주의 초급단계에 있으며 이 단계를 하루속히 벗어나기 위해서는 사회생산력을 발전시켜야 하는데 그러기 위해서는 정치개혁, 경제개혁 및 대외개방이 불가피하다는 것이다. 이러한 사회주의 초급단계론은 그동안 개혁개방정책을 둘러싸고 이견을 보여 온 보수파를 제압하고 경제개혁과 대외개방을 한층 더 가속화하기 위해 개혁파가 만들어 낸 이론으로 그 이후 당의 공식적 이데올로기의 주요 부분이 되었다.

鄧小平이 보기에는 중국사회에서 정치는 이미 마지막 5단계인 사회주의(공산주의)사회에 진입하였으나, 경제는 중세봉건사회에서 자본주의를 경험하지 않고 바로 사회주의단계로 넘어왔기 때문에, 현재의 모순이 발생하므로, 늦었지만 다시 가장 빠른 시간 안에 자본주의를 경험하고 넘어가야 한다는 것이다. 이러한 상태를 사회주의초급단계라 규정하였다.

중국공산당의 개혁지도자들이 중국의 사회주의를 역사적 발전단계로서의 초급단계로 규정짓고 그것을 이론적 토대로 하여 그들이 현대화, 개방화 등 각종의 개혁조치를 밀고 나가는 개혁개방정책을 정당화 한 것이다.

2) 선부론

1979년 미국을 방문하고 돌아온 鄧小平은 "不管黑猫白猫 能抓老鼠 就是好猫 (검은 고양이든 희 고양이든 관계없이 쥐를 잘 잡으면, 그 고양이가 훌륭한 고양이다.)"란 주장을 남겼는데 이는 즉 공산주의냐 자본주의냐에 관계없이 인민들이 당면한 문제인 생활수준향상을 이끌어 낼 수 있는 것이면 그것이 제일이라는 의미의 말이었다.

또 그는 아울러 선부론을 주장하였다. "가난한 사회주의는 사회주의가 아니다." 1978년 鄧小平은 "능력 있는 자가 먼저 부자가 되고, 그 효과를 확대해 모두 잘 사는 사회를 건설하자"는 선부론을 토대로 중국의 변화를 주도했다.

3) 鄧小平이론의 내용

鄧小平이론의 핵심내용은 "一個中心, 兩個基本點"이론이다. 一個中心은 경제발전을 말하고, 兩個基本點은 하나는 개혁개방이고 다른 하나는 4항기본원칙을 견지하는 것이다.

중국의 경제정책은 개방정책을 도입함으로써 경제발전을 도모했다.

(1) 하나의 중심…경제발전 (사회주의시장경제…중국특색이 있는 사회주의)

개혁·개방 이후에, 중국의 광범위한 이론연구가들이나 실천공작자들은 사상해방과 실사구시 노선의 지도하에, 실천만이 진리를 점검하는 유일한 표준이라는 이론을 굳게 견지하면서, 사회주의 초급단계라는 현실에서 출발하여, 진지하게 국내외의 개혁과 발전의 경험을 총결산하고, 대담하게 전통이론관점을 돌파하여, 점진적으로 사회주의 시장경제이론을 주장하고 보완하였다. 그 가운데, 1982년 당의 제12차전당대회에서, 계획경제를 위주로 하고, 시장경제를 보조로 한다는 관점을 정식으로 제기하였다. 1984년, 당의 제12차 3중전회에서 사회주의시장경제는 공유제의 기초위의 계획적 상품경제라는 관점을 정식으로 주장하였다. 1987년 당의 제13차대회에서 정식으로 사회주의의 계획이 있는 상품경제체제는 마땅히 계획과 시장이 내제적으로 통일된 체제라는 관점을 주장하였다. 특히 鄧小平주석이 1979년 "사회주의도 또한 시장경제를 운영할 수 있다."고 주장하였고, 또 1992년에는 "계획이 더 많으냐 혹은 시장이 더 많으냐 하는 것은 사회주의와 자본주의의 본질적 구별이 아니다. 계획경제는 사회주의와 일치하는 것은 아니다, 자본주의에도 계획이 있으며, 시장경제와 자본주의도 일치하는 개념은 아니다, 사회주의에도 시장이 있을 수 있다."는 등의 중요한 논단을 주장하여, 근본적으로 시장경제는 자본주의이고 계획경제는 사회주의라는 전통관념을 타파하고, 사회주의시장경제이론의 주장과 사회주의시장경제의 건립을 위한 분명한 방향을 제시하였다. 위의 주장의 기초위에서, 1992년 6월 9일, 강택민주석은 중앙당교에서 행한 담화에서, 처음으로 "사회주의시장경제체제"라는 용어의 사용을 긍정하였다. 그 후, 10월12일, 다의 제14차대회 보고에서 정식으로 "중국의 경제체제개혁의 목표가 사회주의시장경제체제를 건설하는 것"이라고 주장하였다. 위에서 말한 사회주의시장경제체제라는 주장이 제기되는 과정을 보면, 이것은 중국공산당역사에 있어 최초의 진정한 중대한 이론적 돌파이며, 중국의 경제체제개혁과 중국특색이 있는 사회주의 노선의 탐색과정에서 대단히 정확한 선택이었다는 것을 알 수 있다. 이 개혁방향의 정확한 선택과 각종 개혁조치의 점차적 실행은 중국경제체제개혁이 制度創新의 참신한 단계에 접어들게 하였으며, 이를 따라서 중국의 경제가 다년간 지속적으로 고도성장을 이룩할 수 있는 추동력을 확보할 수 있게 하였다.

(2) 두 개의 기본점

가) 개혁개방

1949년 1949년 중화인민공화국이 건설된 이래 毛澤東주석은 1950년 토지개혁을 단행하고, 1954년 집단농장건설, 1958년 대약진운동(인민공사)실시, 1966년 문화대혁명 등 일련의 개혁정책들을 시행하였으나, 하나같이 모두 실패로 끝나고 말았다. 1976년 毛澤東이 사망하자 비로소 문화대혁명도 끝났다.

대약진운동과 문화대혁명의 실패로 빈사상태에 빠진 경제를 살리기 위해, 鄧小平은 1978년 12월 중국공산당은 11기 3중전회(十一 三中全會)를 소집하여 문화대혁명의 잘못을 바로잡고 중국을 새롭게 건설한다는 기본노선을 제정하였다. 현실파인 鄧小平은 4개현대화(공업·농업·국방·과학기술)를 내걸고, 경제발전의 길을 모색한다.

경제건설을 위한 수단과 방법이 개혁개방이다. 생산의 3요소인 토지·노동·자본과 여기에 기술을 더하여 4요소라 할 수 있다. 서방의 자본과 기술을 들여오기 위해서는 서로 다른 체제로는 불가능하기 때문에 체제의 개혁(시장경제체제)이 불가피하였다. 그리고 노동과 토지를 제공하기 위해서는 공장의 건설과 산업인력의 동원이 가장 편리한 곳을 선택할 수밖에 없었다. 이를 위해서 대외개방을 실시한 것이 곧 개방정책이다.

ㄱ) 개방정책

중국정부는 1978년 경제체제의 개혁을 결정하는 것과 동시에 대외개방 정책도 계획했다. 1980년부터 차례로 광둥성의 썬쩐, 주하이, 샨터우, 푸젠성의 아모이 및 하이난 성에 5 곳의 경제특구를 설치했다.

1984년에는 다롄, 진황도, 텐진, 옌타이, 칭다오, 연운항, 난통, 상하이, 닝보, 원저우, 푸저우, 광저우, 전장(湛江), 베이하이의 14개 연해 도시를 개방했다.

1985년 이후, 長江 삼각주, 珠江 삼각주, 남 트라이앵글(厦門, 泉州, 간魚장주), 산둥 반도, 랴오둥 반도, 허베이 성, 광시 좡족 자치구를 경제개방구로서 연해 경제개방 지대를 형성했다.

1990년 중국 정부는 상하이 푸둥신구의 개발과 개방을 결정해, 일련의 장강 연안도시의 개방을 한층 더 진행해 포동신구를 용두로 하는 장강 개방지대를 형성했다.

1992년 이후는 변경 도시나 내륙의 모든 성도와 자치구 수도를 개방했다. 이어진 조치로 1년에 15곳의 보세구, 49곳의 국가급 경제기술 개발구와 53개소의 하이테크 기술산업 개발구를 설정했다.

이와 같이 중국은 연해, 연강, 연변, 내륙지구를 결합해 전방위, 다차원, 광역의 대외 개방구조를 형성하고 있다. 대외 개방지구에서는 다양한 우대정책을 실시해 외향형의 경제, 수출 확대, 선진기술 도입 등의 면에서 성과를 거두었다.

ㄴ) 개혁정책

1978년 이후 기존의 농촌 경제체제 중의 폐단에 대하여 국가에서는 일련의 새로운 농업정책을 연속적으로 공포하여 과감한 개혁을 단행하였다. 承包制度(책임생산인센티브제도)를 시행하여 농업생산을 장려하는 제도를 도입하였다.

이후 도시 지역에서는 외자의 적극 유치가 장려되어 광둥성의 深圳, 푸젠성의 廈門 등에 경제특구가 上海, 天津, 廣州, 大連 등의 연안부 여러 도시에 경제기술개발구가 설치된다. 화교나 구미 자본을 적극적으로 도입하는 것으로 자본이나 기술 이전 등을 완수하는 한편, 기업의 경영자주권의 확대 등의 경제체제의 개혁이 진행되었다.

개혁개방 정책은 동시에 중국 사회에 큰 모순을 낳았다. 농촌 지역과 도시 지역, 연안부와 내륙부에 경제 격차가 확대되어, 관료의 부정부패가 한층 심각해졌다. 인플레나 실업도 눈에 띄게 늘었고, 공산당에 대한 불만은 높아지고 있었다. 1989년에는 천안문 사건이 발생하여, 개혁개방은 일시 중단하게 되었다.

1992년 이후, 다시 개혁개방을 추진하여 경제성장은 단번에 가속화되었다. 그러나 도시와 농촌, 연해부와 내륙부의 지역 격차는 심화되어, 특히 농민의 불만이 높아졌다. 공산주의 시장경제 체제의 아래에서, 장쩌민, 주룽지 정권은 격차 해소와 경제개혁에 드라이브를 걸게 된다. 격차 해소를 서부 대개발, 국영기업 개혁에 따른 실업자의 증대, 민공조, 삼농문제라고 하는 새로운 문제가 발생했다. 이러한 문제를 안고서도, 지금 중국 경제는 「세계의 공장」이라고 불릴 정도로 성장하여, 생산대국의 지위뿐만 아니라 미국, 유럽, 일본의 뒤를 잇는 제4의 시장으로 기대되고 있다. 2001년에는 WTO의 회원 가입을 완수한다.

나) 4항의 기본원칙을 견지한다.

"两个基本点"은 곧 4항의 기본원칙(첫째, 반드시 사회주의노선을 견지한다. 둘째, 반드시 인민민주전정을 견지한다. 셋째, 반드시 중국공산당의 정확한 영도를 견지한다. 넷째, 반드시 마르크스레닌주의·毛澤東사상을 견지한다.)을 견지하고·개혁개방을 견지한다는 것이다. 4항의 기본원칙은 立國의 근본이며, 사회주의현대화건설의 근본적인 정치적 보증이며, 중국공산당과 중국국가의 생존발전의 정치적 주춧돌이다. 4항의 기본원칙을 견지할 때에만, 사회주의현대화건설의 확고하고 정확한 방향이 서고·단결하고 안정적인 환경이 마련되고·통일적 의지와 행동이 있게 할 수 있다. 생산력은 사회발전의 결정적 요소이다. 그러나, 중국의 옛날의 경제체제·정치체제와 기타방면의 체제는 생산력의 발전을 구속하여, 사회주의제도의 우월성을 발휘하기 어렵게 만들었다. 따라서, 우리들(중국인)이 사회주의기본제도를 견지한다는 전제하에서만, 옛날의 체제에 대해서 근본적인 변혁을 실행해서, 진일보적으로 생산력을 해방하고 발전시킬 수 있다. 대외개방은 세계경제발전의 객관적 요구이며, 또 사회주의현대화를 실현하는 필요조건이기도 하다. 그러므로, 대외개방을 실행하는 것은 중국이 시종 견지한 하나의 국책이기도 하다. 결론적으로 말하면, 개혁개방은 강국의 길이며, 중국의 현 단계에서의 분투목표가 반드시 거처가야 하는 길이다.

4) 일국양제 통일정책(홍콩, 마카오, 타이완)

1997년 7월 1일 영국이 홍콩의 반환문제를 앞두고, 1882년 9월 24일 영국수상 대처부인을 접견하고 중국의 홍콩문제에 대한 기본입장을 천명하고, 이후에 있을 중영양국담판의 기조를 결정하였다. 영국의 마가렛트 대처수상이 "소유는 중국이, 경영은 영국이 하자"는 안을 제시하자, 사회주의의 도입을 우려하는 홍콩주민과 영국을 안정시키기 위한 수단으로 鄧小平은 일국양제를 대안으로 제시하였다.

일국양제는 하나의 나라 안에 자본주의와 사회주의가 공존하고, 자유민주주의와 사회민주주의가 공존하는 형태를 말한다.

이 제도는 2년 후에 반환될 포르투칼의 조차지 마카오에도 그대로 적용이 되어졌다. 일국양제의 핵심내용은 "홍콩특별행정구는 사회주의제도와 정책을 시행하지 아니하고, 원래대로 자본주의제도와 생활방식을 유지하고, 50년 동안 이를 변경하지 아니한다."(중화인민공화국 홍콩특별행정구법 제5조)

이를 간략하게 요약하면 아래와 같다.

영토는 하나의 나라이며 모두 중화인민공화국에 속한다. 홍콩은 특별행정구를 설치하여, 고도의 자치권을 부여하며, 특별행정장관을 두어 대표권을 행사할 수 있도록 한다. 최고의 법규는 홍콩기본법으로 중화인민공화국 헌법의 적용을 받지 아니한다. 그러나 홍콩기본법을 개정할 때에는 중화인민공화국 전국인민대표대회의 승인을 받아야 한다.

주권은 특별행정구는 외교권과 국군통수권을 제외한 모든 권한을 행사한다. 외국과 조약을 맺거나 국가로서의 주권을 행사할 수는 없지만, 국제기구에 가입하거나 회원으로서의 권리를 행사할 수는 있다. 국제기구에 홍콩차이나, 마카오 차이나, 타이뻬이 차이나로 참여하였다.

국군통수권을 가지거나 군대를 보유할 수는 없지만, 경찰을 두어

치안유지를 할 수 있는 권한을 가진다. 이 행정권한은 홍콩 특별행정청장의 권한에 속한다.

국민은 중화인민공화국 국적법은 홍콩(마카오)에 거주하는 모든 중국계 주민들을 중국국민으로 여기는 것을 원칙으로 하고 있다. 다만 외국의 국적이나 시민권을 가진 화인들은 국적을 인정하지 않고 있다.

앞으로 다가올 대만과의 통일문제에 있어서도 통일의 원칙으로 적용될 것인지에 대해서는 누구도 정확하게 예측할 수 없는 문제이며, 홍콩과 마카오와의 일국양제도 50년 간 불변의 원칙이며, 이미 20년이 경과한 지금 다음 일은 다음에 때가 되었을 때 다시 논의될 것으로 예상된다. 따라서 "일국양제"는 과도기적인 통일정책이며, 완전한 통일국가의 실현이라 할 수 없다.

토론

1. 원론적인 사회주의 (공산주의)는 중앙계획경제와 公有制를 근본으로 하는 체제이며, 자본주의는 시장경제와 私有制를 근본으로 하는 물과 기름처럼 서로 융화될 수 없는 제도로 인식되어져 왔다. 사회주의시장경제는 전무후무한 대단히 독특한 제도로 지금까지는 대성공을 거둔 것으로 나타나고 있다. 이 제도의 장점과 단점에 대하여 토론하고 중국의 미래에 대해서 토론해보자!
2. 우리는 시장의 조절작용에 대해서는 나름대로 이해를 해왔다. 계획경제를 위주로 하고, 시장의 조절기능을 활용해 이를 보완

한다는 것이다. 이를 실행한 결과 나타나는 부작용은 부익부 빈익빈이라는 자본주의 제도의 모순과 기득권층의 부정부패라는 엄청난 암초에 부닥치고 있다. 이는 소유제의 불안정과 직접적으로 연관되어 있다. 공유제를 근본으로 하는 사유제의 운용에 대해서 연구하고 토론해 보자!

3. 鄧小平의 이론은 "一個中心, 兩個基本點" 이론으로 요약된다. 개혁개방으로 인하여 중국은 이미 소강상태의 사회로 진입하였으며, 새로운 목표인 대동사회를 목표로 진군하고 있다. 4항 기본원칙의 견지에서도 중국의 공산당은 강택민체제로 전환과 동시에 질적 변화를 가져올 수밖에 없었다. 단일정당체제로서의 공산당일당체제는 점증하는 자본가계급과 지식인들의 계급적 이익을 대변할 수 없는 현실을 타파하기 위하여, "三個代表理論"을 당장에 삽입하고 당의 질적 변화를 수용하였다. "三個代表理論"을 설명하고 토론해 보자!

4. "一國兩制"통일방안은 지금까지는 홍콩과 마카오를 무사히 접수했고, 홍콩과 마카오는 순조로운 발전을 하고 경제도 번영하고 있다. 그러나 홍콩·마카오와 그 역사적 배경과 현 상황이 다른 대만의 "一國兩制"통일방안은 어떤 결과를 가져올지 예측하고 토론해 보자!

5. 중국 역시 분단국가라고 한다면, 역사적 배경과 현 상황이 다른 우리나라의 통일방안에 대해서도 깊이 생각해 보자!

제12화

중국몽의 부활 __ 習近平

남자, 漢族, 1953년 6월생, 陝西부평인. 1969년 1월 공작에 참여했다. 1974년 중국공산당에 가입하였으며, 淸華大學 人文社會學院마르크스주의이론과 사상정치교육학과 졸업, 재직중 대학원을 수료하고, 법학박사학위를 취득했다. 현재 중국공산당중앙위원회총서기·중공중앙군사위원회주석·중화인민공화국주석·중화인민공화국중앙군사위원회주석 등을겸임하고 있다.

習近平생평[16)]

1969~1975年, 陕西省 延川县 文安驿公社 梁家河大队에서 知青·党支部书记를 역임했다.

1975~1979年, 清华大学 化工과 基本有机合成专业에서 学习했다.

1979~1982年, 국무원 사무처·중앙군위사무처에서 비서를 역임했다.

1982~1983年, 河北省 正定县委副书记에서 부서기를 역임했다.

1983~1985年, 福建省 厦门市委常委에서副市长을 역임했다.

1988~1990年, 福建省 宁德地委书记를 역임하고, 宁德军分区党委의 第一书记를 역임했다.

習近平의 정치경력

1990~1993年, 福建省福州市委书记겸 市人大常委会主任 및 福州军分区党委第一书记를 역임했다.

1993~1995年, 福建省委常委 겸 福州市委书记·市人大常委会主任 및 福州军分区党委第一书记를 역임했다.

1995~1996年, 福建省委副书记·福州市委书记 겸 市人大常委会主任 및 福州军分区党委第一书记를 역임했다.

1996~1999年, 福建省委副书记 겸 福建省高炮预备役师第一政委를 역임했다.

1999~2000年, 福建省委副书记·代省长 겸, 南京军区国防动员委

---

16) 인물생평은 "http//www.baidu.com"의 習近平 란에서 발췌 번역한 것임.

员会副主任 및 福建省国防动员委员会主·福建省高炮预备役师第一政委를 역임했다.

2000~2002年, 福建省委副书记 겸省长 및 南京军区国防动员委员会副主任·福建省国防动员委员会主任·福建省高炮预备役师第一政委 등을 역임했다.

(1998~2002年清华大学 人文社会学院 马克思主义理论与思想政治教育专业에서 在职研究生班으로 学习하여, 法学博士学位를 취득하였다.

2002~2002年, 浙江省委副书记 겸 대리省长 및 南京军区国防动员委员会副主任 과 浙江省国防动员委员会主任을 역임했다.

2002~2003年, 浙江省委书记·代省长 겸 浙江省军区党委第一书记 및 南京军区国防动员委员会副主·浙江省国防动员委员会主任 등을 역임했다.

2003~2007年, 浙江省委书记 겸 省人大常委会主任 및 浙江省军区党委第一书记를 역임했다.

2007~2007年, 上海市委书记 겸 上海警备区党委第一书记를 역임했다.

2007~2008年, 中央政治局常委 겸 中央书记处书记 및 中央党校校长을 역임했다.

2008~2010年, 中央政治局常委 겸 中央书记处书记 및 中华人民共和国副主席·中央党校校长 등을 역임했다.

2010~2012年, 中央政治局常委·中央书记处书记, 中华人民共和国副主席, 中共中央军事委员会副主席, 中华人民共和国中央军事委员会副主席, 中央党校校长 등을 역임했다.

2012~2013年, 中央委员会总书记, 中共中央军事委员会主席, 中华

人民共和国副主席, 中华人民共和国中央军事委员会副主席 등을 역임했다.

2013年~현재, 中央委员会总书记, 中共中央军事委员会主席, 中华人民共和国主席, 中华人民共和国中央军事委员会主席 등을 맡고 있다.

1) 習近平의 사상

신중국이 건설된 이후, 제1세대 毛澤東, 제2세대 鄧小平, 제3세대 江澤民, 제4세대 胡錦濤 등 매 세대의 지도자들의 주요업적은 "毛澤東思想"·"鄧小平理論"·"江澤民三個代表理論"·"胡錦濤科學的發展觀"·"習近平思想"등의 이름으로 공산당 당장에 삽입되었다. 제5세데 지도자인 習近平의 "習近平思想"은 앞의 4명의 지도자들과는 달리 아직 검증되지 않은 그의 재임기간 동안에 당장에 삽입되었고, "鄧小平理論"을 뛰어넘는 최고의 반열인 "毛澤東思想"과 같은 반열에 올려놓았다는 것이다.

"習近平思想" 이란 결국 "신시대의 중국특색이 있는 사회주의"를 의미하는 것으로 "鄧小平理論"의 계승과 발전을 의미한다. 鄧小平이론은 하나의 중심 두 개의 기본점을 말하는데, 하나의 중심은 경제건설을 말하며, 두 개의 기본점은 개혁개방과 4항의기본원칙을 견지하는 것을 말한다.

신시대의 중국의 특색의 사회주의라는 것은 "鄧小平理論"이 30년간 이룬 눈부신 경제발전에 힘입어 당시의 목표였던 小康이라는 "溫飽"문제는 이미 달성하였으므로, 새로운 목표를 제시할 시점에 왔다.

"경제건설"에서 "중국의 꿈(중국문화의 부흥)"으로 대체되었으며, "두 개의 기본점"에서 "改革開放"은 "一帶一路"로 바뀌었고, "4항의 기본원칙(노선)의 견지"는 약간의 수정을 거쳐 그대로 유지되고 있다.

다른 한 편으로는 모든 일에는 빛과 그림자가 함께 나타나기 마련이다. 한편으로는 중국이 국내에서 이룩한 경제건설의 성공을 바탕으로, 세계로 진출하여 중국을 중심으로 하는 새로운 질서를 구축하려는 시도이며, 다른 한편으로는 개혁개방정책의 시행결과로 나타난 동서간의 격차(지역간 격차)·계층간의 격차를 해결하기 위하여, 시작한 서남공정 서북공정 동북공정의 확대발전이라고 할 수 있다. 그 시행방법으로 제시한 것이 일대일로정책으로 나타난 것이다.

아직도 집권상태인 習近平사상이 당장에 포함된 것은 대단히 이례적인 일로 習近平의 꿈과 그의 야심을 보여준다. 2연임제도를 폐지함으로써 다음 번 지도자가 지명되지 않은 것도그의 정치적 행보에 관심을 가지게 한다.

2) 雙百政策

2012年11月8日 중국공산당 제18차 전국대회에서 두 개의 백년 분투목표를 발표하였는데, 공산당 창립 100주년이 되는 2021년까지 전면적인 小康사회를 건설하고, 하나는 신중국건립 100주년이 되는 2049년까지 부강·민주·문명·화해적 사회주의현대화국가를 건설한다는 것이었다. 이 "두 개의 백년 분투목표"는 당의 제15차 전당대회의 보고에서 제출된 이후, 당의 제16차 전당대회보고·17차 전당대회 보고에서 당의 제11차 3중전회 30주년을 기념하는 대회의 담화에서

모두 계속해서 새롭게 제기되곤 했다.

당의 18차 전당대회에서 다시금 두 개의 백년 목표를 거론하고, 지금 이 때가 바로 중국의 근대 이래 역사상 중화민족의 위대한 부흥에 가장 가까운 중요한 시기이며, 중국인들은 자신감을 강화해야 하고, 이미 자신감을 강화했다면, 당과 인민에 대하여 확립된 이상신념을 배가하고, 당에 대한 역사적 책임을 깨달아야 한다고 하였다. 다시 말하면, 이 두 개의 백년의 목표는 중국인들이 반드시 달성해야 할 "중국특색이 있는 사회주의"가 "小康社會"의 목표를 달성하고, 그 다음 단계인 "신시대의 중국특색이 있는 사회주의" 즉 "大同社會"로 나아갈 새로운 두 개의 이정표이다.

3) 중국의 꿈

1949년 10월 1일 당시 毛澤東주석이 천안문광장의 천안문에 올라 중화인민공화국의 건국을 선언한 이래 중국의 대내외 정책은 사자성어를 통해 선언적으로 나타났다. 自力更生(毛澤東시기 1949년…1976), 韜光養晦(鄧小平 1978…1992), 和光同塵(강택민 1993…2002), 和平崛起(호금도…2003…2012), 奮發作爲(습근평 2013…?) 등으로 점차 자신감을 회복하고, 세계로의 진출이 확대되는 길을 걸어왔다.

2013년 3월 17일, 국가주석 취임석상에서, 그는 자신이 재임하는 10년 동안에 중국의 꿈을 이루겠다고 발표하였다. 그가 밝힌 광의의 中國之夢은 "强漢盛唐"의 시대로 되돌아가겠다. 여기서 말하는 "强漢盛唐"은 국제적 위치에서 보면 중국이 세계사적으로 국력이 가장 강했던 때는 漢나라 때이며, 문화적으로 가장 융성했던 시대는 唐나라때였다는 평가를 바탕으로 중국의 국제적 위상을 그때 수준으로 끌어올리기 위해 奮發作爲(분발해서 반드시 목표를 이루겠다.)하겠다는 것이다.

이러한 사상의 출발점에는 鄧小平이 주창한 사회주의시장경제가 이미 상당한 성과를 달성하여 안정적으로 정착하였으며, 중국의 국력이 신장되어, G2의 위치로 올라섰음을 반영하고 있다. 鄧小平이 제시한 "하나의 중심, 두 개의 기본 점"이 그 역사적 소명을 완성하여 다음 단계로의 이행을 기다리고 있다는 의미이다. 이는 단절을 의미하는 것이 아니라 계승발전을 의미한다. "하나의 중심"이던 경제발전을 한 단계 더 높여, "중국의 꿈"이라는 다소 모호하면서도 포괄적인 목표를 제시하였으며, 구체적인 실현방안으로 제시한 "개혁개방"이라는 기본 점을 한 단계 더 격상시켜 "一帶一路"라는 매우 구체적인 방안을 제시했다. 또 다른 하나의 기본 점인 "堅持四項基本原則"은 강택민(三個代表理論)과 호금도(科學的發展論)을 거치면서 골격인 공산당 일당체제의 원칙은 유지하면서도 시대의 변화를 반영하여 유지발전 시켜가고 있다.

4) 중국의 꿈을 달성하기 위한 실현방안으로서의 一帶一路政策

중국의 꿈은 과거의 찬란했던 영광을 되찾겠다는 목표로 중국사람이라면 누구나 다 공감할 수밖에 없는 공지의 사실이어서 이론의 여지가 없다. 이러한 목적을 달성하기 위하여 현실에 바탕하여 이상을 실현할 방법으로 만들어낸 전략이 곧一帶一路政策이다.

2013년 9월 習近平 주석이 카자흐스탄의 나자르바예프대학 강연에서, 내륙 실크로드경제벨트를 구축해 공동 번영과 협력의 시대로 나아갈 것을 제안했다. 그리고 같은 해 10월 인도네시아 국회 연설에서는 해양 실크로드경제벨트를 구축하자고 제안하면서, 일대일로의 서막이 열렸다. 한 달 후인 2013년 11월 제18회 중국공산당 중앙위원회 3차 전체회의에서, 일대일로 건설을 위한 각종 정책이 수립되었다.

가) 일대일로의 개념정의:

이미 역사상 존재했던 육상실크로드와 해상실크로드를 21세기형으로 재개발 하겠다는 종합개발계획이다.

종래의 상품이동경로라는 의미를 넘어서서, 인프라의 구축·자원의 개발·자유무역의 조성(금융질서·FTA)·문화의 국제화 등 입체적이고 종합적인 새로운 틀을 만듬으로서, 기존의 틀을 뛰어넘는 새로운 틀·새로운 질서를 만들어 내겠다는 원대한 구상이다.

이 일대계획에 포함되는 국가는 중국을 제외하고도 65개 국가이며,

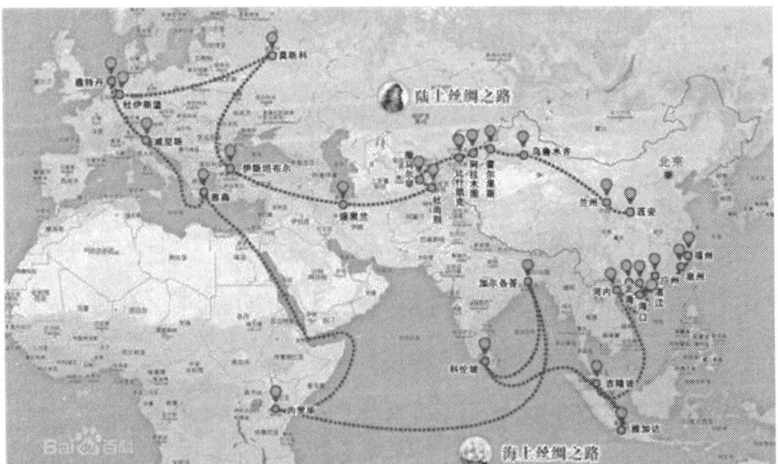

인구는 무려 44억 명으로 전체인구의 63%에 달한다. 경제규모는 총 21조 달러로 전체무역규모의 29%에 달한다.

나) 중국의 목표

중국의 일대일로정책은 중국식 마샬플랜으로 비유되기도 한다.

제2차 세계대전 후, 1947년부터 1951년까지 미국이 서유럽 16개 나라에 행한 대외원조계획이다. 정식 명칭은 유럽부흥계획(European Recovery Program, ERP)이지만, 당시 미국의 국무장관이었던 마셜(G. C. Marshall)이 처음으로 공식 제안하였기에 '마셜 플랜'이라고 한다.

마셜 플랜은 기아와 빈곤이 만연하고 경제적 불안정이 심화되고 있던 유럽을 소련과 공산주의의 팽창으로부터 보호하려는 목적에서 수립되었다. 그리고 미국의 주도하에 자본주의 세계 체제를 유지, 확대해 가겠다는 의지가 반영되어 나타났다. 이러한 점에서 마셜 플랜은 실질적인 경제적 효과는 유럽 국가들에게 필수적인 수입품의 유입을 유지시켜 주는 역할에 제한되었지만, 전후(戰後) 자본주의 체제가 사회 경제적 혼란에서 벗어나 안정을 되찾도록 하는 데 성공한 정책으로 평가를 받고 있다. 마셜플랜이 성공적으로 수행이 되면서 미국의 달러화는 국제적 기축화폐로서 자리매김 되었다.

중국이 일대일로 프로젝트를 추진하는 이유는 다음과 같다.

첫째, 지역불균형 해소와 내수시장 확대를 위해 대내적으로 추진해 온 서부대개발, 중부굴기, 동북3성 진흥 등의 국가급 프로젝트와 대외적으로 중앙아시아, 동남아시아, 아프리카 등 주변 신흥시장 진출을 위한 경제성장 동력을 확보하기 위함이다.

둘째, 지속적인 경제성장을 실현하기 위해 안정적으로 에너지를 확보하기 위함이다. 중국은 세계 최대의 에너지 소비국이다.

셋째, 일대일로를 통해 자국의 경제 영토를 중앙아시아와 동남아시아로 확대하고, 나아가 지역경제 통합의 주도권을 확보하기 위함이다. 일대일로 프로젝트는 중국의 지속 가능한 질적 경제성장의 동력을 확보하고, 중국의 공급측 개혁을 위한 과잉생산 및 과잉산업 문제를 모두 해결할 수 있는 열쇠가 되기 때문이다.

이러한 목표는 결국은 미국과 중국의 국익을 우선으로 하는 세계경영전략의 일환으로 나타나 것이다. 2008년 세계금융위기를 경험한 미국은 아시아의 중요성을 재인식하게 되었고, 예상보다 훨씬 빠른 속도로 훌쩍 커버린 중국의 등장에 긴장의 끈을 늦출 수 없게 된 미국은 "아시아회귀"전략을 시행했고, 이에 맞선 중국은 이에 대한 방어전략으로서 일대일로정책의 구상이 불가피했다고 보는 시각도 있다. 주변국에서 중심국으로 이동하여 중국중심의 새로운 국제질서를 수립하겠다는 중국의 꿈은 일대일로정책을 더욱더 가열차게 시행할 것이며 이에 대한 문제도 끊임없이 발생할 것이다.

다) 자금조달방법으로서의 AIIB의 설립

2013년 習近平이 국가주석으로 취임한 이래 중국은 다국적기업의 핵심거점이면서 동시에 주변국에서 중심국으로 빠른 속도로 이동하고 있다. 그 중 가장 대표적인 것 중의 하나가 중국의 원화가 미국의 달러화와 유럽의 유로화와 함께 3대 기축통화로 진입하고 있는 것이다. 특히 아시아에서는 세계은행(world bank)산하의 국제부흥개발은행(IBRD)과 국제개발협회(IDA) 등을 통해 주도해오던 세계기축통화로서의 달러화에, 중국의 元貨가 아직까지는 위협적이지는 않지만 심각한 도전장을 내밀고 있는 형국이다. 그 중심에는 AIIB가 있다.

"현재 중국은 글로벌 기업의 핵심 거점 지역이면서도 세계를 리드하는 분야와 영역에서 속도감 있게 행진 중이다. 이는 중국 무역 규모가 세계의 무역 거래의 엔진으로 날개를 단 것이 생생하게 입증된다. 중국은 2013년 상품 교역 규모에서 미국을 제치고 처음으로 세계 1위로 등극했다. 중국 상무부는 2014년 3월 1일 홈페이지에서 "중국이 2013년 세계 제1의 상품 무역 대국이 됐다."고 당당하게 공포했다.

2015년 11월 30일은 국제통화기금(IMF)이 위안화를 기축통화의 한 주축인 SDR(특별인출권)로 편입을 결정한 역사적 분기점을 이룬 날이었다. 바야흐로 중국의 위안화는 미국 달러, 유로, 영국 파운드, 일본 엔화와 함께 명실상부한 세계 5대 통화로 급부상하게 되었다.

중국이 아시아 경제를 선도하는 신주축이라 할 수 있는 국제금융기구 '아시아인프라투자은행'(AIIB, Asian Infrastructure Investment Bank)이 2016년 1월 16일 개소식을 통해 출범을 알렸다.

아시아인프라구축투자은행(Asian Infrastructure Investment Bank, 简称亚投行, AIIB)은 하나의 정부간 관계 성질의 아시지역다변개발기구이다. 인프라구축을 중점지원하며, 설립취지는 아시아지역의 건설을 서로연합하고 서로 소통하며 경제일체화의 과정을 촉진할 뿐만 아니라, 중국과 기타 아시아국가 및 지역의 협력을 촉진하기 위한 것으로, 첫 번째로 중국이 발의하여 설립한 다변적 금융기구로, 본부는 북경에 있으며, 법정자본은 1,000억 달러이다. 2018년 5월 2일 현재, AIIB의 정식회원국은 86개국이다.

미국은 점점 중국의 부상에 위협을 느끼고 있으며, 이미 중국에 무역전쟁을 선포했다. 양국의 환율전쟁은 세계기축통화로서의 달러화와 중국 元貨의 전쟁이며 어디에서 균형점을 찾을지 아니면 더 극한 상황으로 전개될지 그 귀추가 주목된다.

토론

1) "일대일로"와 마샬플랜의 같은 점과 다른 점에 대하여 논하시오!

세계 제2차대전후 미국은 이 마샬플랜을 통해서 세계의 중심국가로 자리매김이 되었으며 미국의 달러화는 세계의 기축통화로서 위치를 공고히 할 수 있었다.
중국의 일대일로정책은 중국식 마샬플랜으로 비유되기도 한다. 중국의 꿈은 중국이 세계의 중심국가로 우뚝 서는 것을 목표로 한다. 이 두 정책은 많은 공통점과 차이점이 존재한다. 이를 분석하고 중국의 장래에 대해서 토론해 보자.

2) 일대일로정책과 우리의 선택:

미국이 금융위기를 경험하면서, 이의 해결과정에서 중국의 발전이 예상보다 훨씬 더 빨리 진행되고 있으며 더 강력하다는 것을 느끼게 되어 잠재적인 위협으로 실감하게 되었다. 이에 오바마행정부는 "아시아회귀정책"으로 선회하게 되었으며, 이는 중국의 군사력이 태평양으로 진출하는 것을 봉쇄하는 것을 기본으로 하고 있다.

이에 대항하기 위하여 방어적인 성격을 띤 구상이 곧 일대일로 정책으로 구체화되었다. 이는 중국의 꿈이 무르익어가면 갈수록, G2간의 피할 수 없는 군사·외교방면의 대결구도로 나타날 수밖에 없는 구도로 이미 무역전쟁으로 현실화되었다.

중국의 일대일로정책에는 우리나라에 대한 언급은 어느 곳에서도 찾아볼 수 없다. 우리나라는 이미 AIIB에 가입을 했고, 대통령께서는 신남방정책과 신북방정책을 발표한 상태이다.

미국·중국·일본·러시아 등 세계 4강의 이익이 첨예하게 충돌하고 있는 동북아라는 대한민국의 특수한 지리적(공간적) 위치와, 한미동맹과 조중혈맹이라는 역사적(시간적) 위치에서 대한민국의 특수한 선택에 대해서 다 함께 고민하고 토론해 보자!

3) 일대일로정책의 문제점에 관해서 토론해 보자!

가) 여러 나라의 이해관계가 첨예하게 걸려 있는 대단히 방대한 사업이다. 각 국가 간의 처한 상황이 모두 다르고 건설 과정에서 예상치 않았던 수많은 문제들이 발생할 것이다. 철도·도로·항만·공항 등 인프라를 건설하는 과정에서 필연적으로 이익을 분배할 때마다 충동할 수밖에 없다는 한계를 극복하여야 한다는 숙제를 안고 있다.

'일대일로'에 협력 관계를 맺은 아시아, 중동, 아프리카의 각국들이 현재 진행되고 있는 사업을 정지하거나 재검토를 함에 따라 순조롭게 진행하기가 힘든 상태에 빠지고 있다.

예1) 2018년 5월 총선에서 친중정권을 누르고 승리한 말레이시아 마하티르 모하마드 총리는 8월 하순 일대일로 프로젝트 일환으로 추진하던 철도와 가스 파이프라인 부설 계획을 중단시켰다. 일대일로 사업 가운데서 대형이던 말레이시아 프로젝트는 200억 달러에 이르렀다.(201년 11월 23일 중앙일보)

예2) 파키스탄 정부는 140억 달러의 댐 건설 계획을 백지화하는 한편 중국이 제공하는 융자로 인한 재정부담에 우려를 나타냈다.

예3) 네팔 정부는 9월 댐 건설 공사를 정지했으며 아프리카 시에라리온도 10월 초 공항건설 프로젝트를 보류했다.

예4) 베트남에서는 중국이 투자를 통해 영향력을 확대하는데 반대하는 목소리가 커짐에 따라 복수의 중국 자본이 참여하는 경제특구 조성 플랜을 무기한 연기했다. (예1·2·3·4는 2018년 11월 23일 기사)

위의 예가 보여주는 것처럼 각국은 자국의 이익과 외교적 위상을 고려할 수밖에 없으며, 정권이 바뀜에 따라 정책이 바뀌는 등 수많은 문제가 도사리고 있다. 이해관계가 일치할 때는 순조롭게 진행이 되지만, 이해관계가 배치될 때는 중단될 수밖에 없는 다국적 사업의 한계를 노출하고 있다.

4) AIIB은행

시행상의 문제점(각국의 부정적 반응) 중국의 해외 개발정책이 가지는 위험성, 자본의 잠식화, 신조공정책 등의 많은 비판과 문제를 노출하고 있다.

중국은 정치 · 경제 · 외교 · 군사 · 안보적 성격의 일대일로 전략 구상을 뒷받침하기 위해 이미 실크로드 기금에 400억 달러를 출연한 상태다. 또 자본금 1,000억 달러의 아시아인프라투자은행(AIIB) 창설을 통해 이 지역의 교통과 인프라 건설 등을 지원하겠다는 계획이다.

보고서는 특히 중국의 '일대일로'를 문제 삼았다. 보고서는 중국은 일대일로를 통해 △중국의 에너지 안보를 강화하고 △중국의 군사력을 해당 지역에서 증강시키며 △ 이를 통해 중국의 지정학적 영향력을 극대화하려 하고 있다며 이는 중국이 세계 질서의 중심이 되겠다 것을 의미한다고 강조했다.

5) 해결해야 할 과제

習近平사상은 아직 검증되지 않았음에도 중국공산당의 당장에 포함되어졌다. 우리는 이를 바르게 이해하고 우리의 향후 정책과 방향을 수립하는데 적극 활용하여야 할 것이다.

중국이 당면하고 있는 가장 큰 문제는 빈부격차와 부정부패의 문제이다. 사회주의 정신문명의 건설이라는 반부패운동으로는 근본적인 치유가 지극히 어렵다. 중국문화의 부흥의 핵심내용이 무엇일까? 기독교·불교·이슬람 등 종교가 없는 중국에서는 이들을 대신할 하나의 사상으로서 유가사상 또는 유교문화가 있어 이들 종교를 대신해 왔다. "신시대의 중국특색이 있는 사회주의"에서 유교문화는 어떤 역할을 담당할 것인가 하는 문제를 주제로 삼아 토론해 보자!

김태관

1955년 울산광역시 울주군 온산읍에서 태어남
1981년 연세대학교 중어중문학과 졸업(학사)
1984년 대만 국립정치대학교 중문연구소 졸업(석사)
1997년 중국화동사범대학교 중문연구소 졸업(박사)
1985년 동의대학교 중어중문학과 전임강사
현재 동의대학교 중국어학과 교수

중국사람 이야기

초판 발행 _ 2018년 12월 31일

저　자 · 김 태 관
발행인 · 정 현 걸
발　행 · 신 아 사
인　쇄 · 대명프린팅
주　소 · 서울시 은평구 통일로 59길 4(2F)
전　화 · 02)382-6411 · 팩스 02)382-6401
홈페이지 · www.shinasa.co.kr
E-MAIL · shinasa@daum.net
출판등록 · 1956년 1월 5일 (제9-52호)

ISBN 978-89-8396-325-3(93300)

정가 13,000원

이 저서는 교육부의 산업연계교육활성화선도대학(PRIME)사업 사업비를 지원받아 집필한 저서임